SPREEWALD

Unterwegs zwischen Burg, Lübbenau, Lübben und Schlepzig

Kerstin und André Micklitza

Trescher Verlag

2., aktualisierte Auflage 2014

Trescher Verlag
Reinhardtstr. 9
10117 Berlin
www.trescher-verlag.de
post@trescher-verlag.de

ISBN 978-3-89794-287-5

Herausgegeben von Bernd Schwenkros und
Detlev von Oppeln

Reihenentwurf und Gesamtgestaltung:
Bernd Chill
Lektorat: Hinnerk Dreppenstedt
Redaktionelle Mitarbeit:
Johanna Bohnsack-Fach
Korrektorat: Antonia Vinz
Stadtpläne und Karten: Johann Maria Just,
Martin Kapp

Gedruckt auf chlorfrei gebleichtem Papier
Printed in Germany

Alle Angaben in diesem Reiseführer wurden sorgfältig recherchiert und überprüft. Dennoch können Entwicklungen vor Ort dazu führen, dass einzelne Informationen nicht mehr aktuell sind. Gerne nehmen wir dazu Ihre Hinweise und Anregungen entgegen. Bitte schreiben Sie an **post@trescher-verlag.de**.

Essays

KOMPAKT
3,95 €
5,00 €
SEN

Vorwort

Nur eine Fahrstunde mit dem Auto oder der Bahn von Berlin entfernt fächert sich die Spree auf zu einer märchenhaften Landschaft. Wo sonst außer im Spreewald stehen Ortseingangsschilder neben dem Wasserlauf? Wo kommt in Deutschland der Arzt, die Post und manchmal selbst die Feuerwehr mit dem Kahn? Mitunter wird hier auch die Kuh zur Weide gestakt. Auch Gurken, Meerrettich und vieles andere wird auf dem Wasserweg transportiert.

Der Spreewald ist auch die Heimat der Wenden/Sorben, des kleinsten slawischen Volkes, deren Volkskunst und Brauchtum noch vielerorts gepflegt werden. Daneben haben aber auch Irrlichter, Mittagsfrau, Nix und Wassermann im mysthischen Spreewald mitunter ihren großen Auftritt.

Im öffentlich-rechtlichen Programm genießt der Spreewald inzwischen Hochkonjunktur – zumindet als geheimnisvoller Handlungsrahmen: ›Herzenstöter‹ (2005), ›Das Geheimnis im Moor‹ (2006), ›Der Tote im Spreewald‹ (2009), ›Die Tränen der Fische‹ (2011), ›Eine tödliche Legende‹ und ›Die Gurkenkönigin‹ (2012) sowie ›Feuerengel‹ (2013) und ›gestern heute morgen‹ (2014) fesselten jeweils etwa sechs Millionen Fernsehzuschauer. Der Spreewald avancierte dabei selbst zum Hauptdarsteller. Seine Anwesenheit ist ein visueller Nährboden für fließende Übergänge zwischen Traum und Wahrhaftigkeit.

In Burg/Spreewald schwärmen die Besucher von einem der besten Wellnesshotels im Lande, dazu verwöhnt eine fantasievolle Gourmetküche den Gaumen. Die Spreewaldtherme ist eines der schönsten Gesundheitsbäder in Deutschland.

Die Kleinstädte und Dörfer sind in eine liebliche Landschaft gebettet. Zu Fuß, mit dem Fahrrad oder mit dem Paddelboot eröffnen sich die schönsten Ansichten, weitab von Lärm und der Hektik des Alltags. Bekannt ist der Gurkenradweg, aber auch einige Kilometer des Spree- und des Pücklerradweges verlaufen durch den Spreewald.

An sonnigen Wochenenden und in den Sommerferien sind manche Plätze im Spreewald überlaufen, der Massentourismus hält Einzug: Am Großen Kahnfährhafen in Lübbenau herrscht meist gar großstädtisches Gedränge. Am östlichen Tor des Spreewaldes, bei Burg, beginnt die Spree zu bummeln. Nirgendwo sonst in ihrem Lauf zwischen den Oberlausitzer Quellen und der Berliner Mündung in die Havel gönnt sie sich soviel Ruhe wie hier. Romantisch veranlagte Besucher finden immer noch genügend Orte, wo man beim Anblick der Natur ins Schwärmen gerät und sich auch mal für längere Zeit allein oder zu zweit am Spreewald erfreuen kann. Jeder, der ein wenig sucht oder sich einige Tage hier aufhält, wird ihn finden: Einen Spreewald, den unsere Vorfahren als das Wunderland charakterisierten, das dem rasenden Tempo der Zeit ein Schnippchen schlagen konnte.

Der Spreewald ist das ideale Reiseziel für Tages- und Wochenendausflüge oder für den Kurzurlaub – aber auch groß genug für den Jahresurlaub, wenn man alle Orte kennenlernen möchte.

Herzlich willkommen im Spreewald

Hinweise zur Benutzung dieses Reiseführers

Der kleinräumige Spreewald wird von Auswärtigen zumeist als ein Landschaftsraum betrachtet. Er lässt sich aber in zwei größere Teile untergliedern: In den Unterspreewald zwischen Leibsch und Lübben und den Oberspreewald zwischen Lübben und Burg. Dazu kommt der sehr kleine Bergspreewald ganz im Nordosten, in den Krausnicker Bergen.

Das Buch folgt dieser gängigen Einteilung und gliedert den Spreewald in zwei große Kapitel: Unterspreewald mit Bergspreewald und Oberspreewald. So werden die Orte und Landschaften von Nord nach Süd vorgestellt. Neben den Ortsbeschreibungen sind Wanderrouten, Radtouren oder einige Wasserwanderstrecken aufgeführt – mit Kilometerangaben sowie Zeitbedarf –, die besonders gut geeignet sind, die Landschaft kennenzulernen. Herausragenden Persönlichkeiten und regionalen Besonderheiten sind spezielle Exkurse (Essays) gewidmet.

Der Spreewald ist die Heimat der Sorben/Wenden. Im Reiseführer sind daher alle Orte zweisprachig erwähnt. Allerdings hört man das Sorbisch-Wendische als Alltagssprache auch hier nur noch sehr selten.

Hinweise zu Touristeninformationen, Verkehrsverbindungen, Einkehrmöglichkeiten, Unterkünften, Veranstaltungen und Einkaufsmöglichkeiten befinden sich in den Informationskästen am Ende der jeweiligen Abschnitte; allgemeine Reiseinformationen zum Spreewald finden sich im Anhang, in den Reisetipps von A bis Z. Die Unterkunftspreise ändern sich erfahrungsgemäß häufig. Deshalb werden hier die Hotels und Pensionen, bezogen jeweils auf den Preis für ein Doppelzimmer in der Hauptsaison, in drei Kategorien eingeteilt: (€) bis 50 Euro, (€€) 50 bis 100 Euro, (€€€) über 100 Euro.

Dem eigentlichen Reiseteil ist das Kapitel Land und Leute vorangestellt, das in die Geschichte und Gegenwart des Spreewalds einführt.

Zeichenlegende

- Allgemeine Informationen, Touristenbüros
- Bahnverbindungen
- Busverbindungen
- Unterkünfte
- Campingplätze
- Restaurants
- Cafés
- Museen, Ausstellungen und weitere Sehenswürdigkeiten
- Theater, Kulturzentren
- Kulturelle Veranstaltungen, Feste
- Sport- und Erholungsmöglichkeiten allgemein
- Thermen und Bäder
- Kahnfahrten, Bootsausleihe
- Kutsch- und Kremserfahrten
- Angelkarten
- Zoos und ähnliche Einrichtungen
- Einkaufsmöglichkeiten

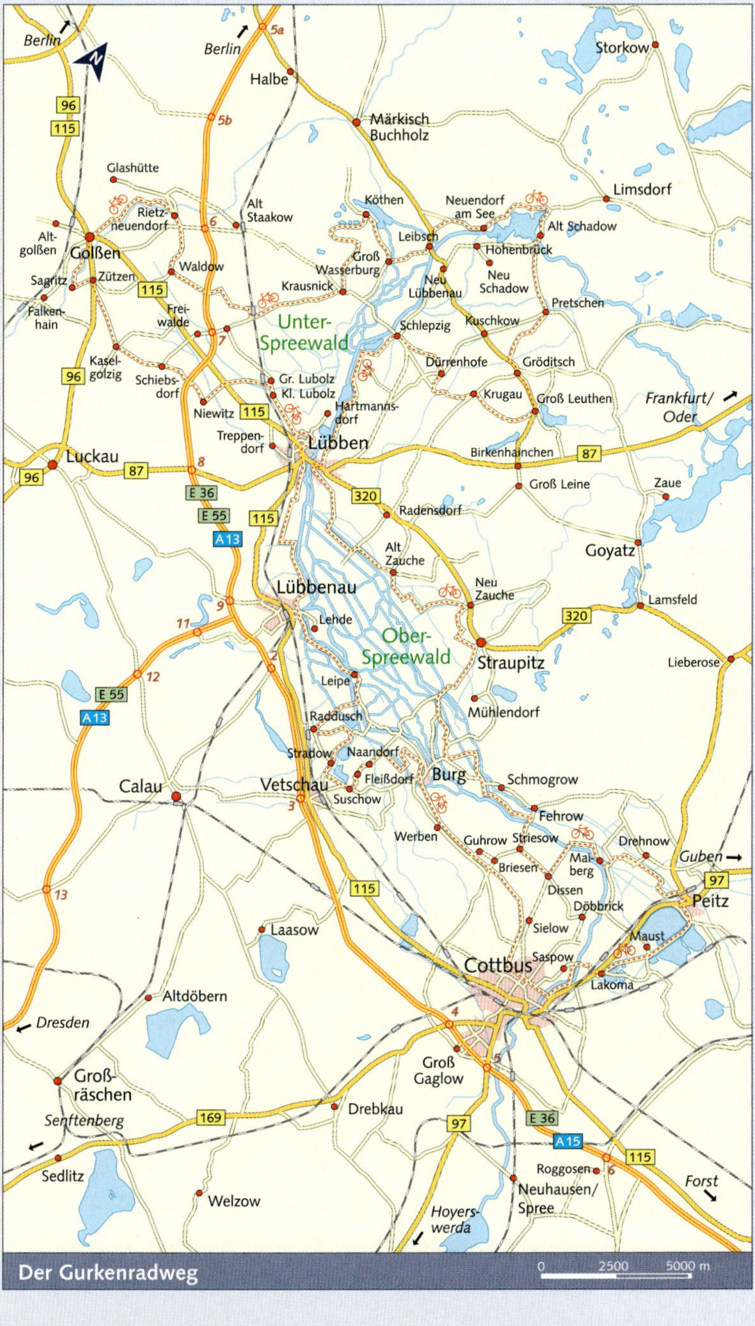
Berlin
Berlin
N
5a
Halbe
Storkow
96
115
5b
Märkisch
Buchholz
Glashütte
Limsdorf
Köthen
Neuendorf
am See
Rietz-
neuendorf
6
Alt
Staakow
Alt Schadow
Alt-
golßen
Golßen
Leibsch
Hohenbrück
Groß
Wasserburg
Waldow
Sagritz
Zützen
Neu
Lübbenau
Neu
Schadow
115
Krausnick
Pretschen
Falken-
hain
Frei-
walde
Unter-
Spreewald
Kuschkow
Schlepzig
7
Kasel-
golzig
Dürrenhofe
Gröditsch
96
Schiebs-
dorf
Gr. Lubolz
Kl. Lubolz
Krugau
Groß Leuthen
Frankfurt/
Oder
Hartmanns-
dorf
Niewitz
115
Treppen-
dorf
Lübben
Luckau
Birkenhainchen
87
96
87
8
Groß Leine
Zaue
E 36
320
E 55
Radensdorf
115
A 13
Goyatz
Alt
Zauche
Neu
Zauche
Lübbenau
Lamsfeld
9
Lehde
320
11
Ober-
Spreewald
Straupitz
2
Lieberose
12
Leipe
E 55
A 13
Mühlendorf
Raddusch
Stradow
Naandorf
Burg
Schmogrow
Calau
Vetschau
Fleißdorf
Suschow
3
Fehrow
Werben
Guhrow
Striesow
Drehnow
Mai-
berg
Guben
Briesen
97
13
Dissen
115
Peitz
Döbbrick
Laasow
Sielow
Maust
Saspow
Cottbus
Lakoma
Altdöbern
4
Dresden
Groß
Gaglow
5
Groß-
räschen
Drebkau
Senftenberg
169
97
E 36
A 15
115
Sedlitz
Roggosen
6
Forst
Neuhausen/
Spree
Welzow
Hoyers-
werda
Der Gurkenradweg
0
2500
5000 m

Das Wichtigste in Kürze

Informationen vor Reisebeginn

Im Spreewald finden sich mehrere Informationsbüros. Allgemeine Informationen vor der Reise u.a. bei:

Tourismusverband Spreewald e. V., Lindenstr. 1, 03226 Raddusch, Tel. 035433/72299, www.spreewald.de. Der moderne Informationspavillon steht nahe der Autobahn, am Weg zur Slawenburg.

Tourismus-Marketing Brandenburg GmbH, Am Neuen Markt 1, 14467 Potsdam, Tel. 0331/29873-0, www.reiseland-brandenburg.de.

Unterwegs mit öffentlichen Verkehrsmitteln

Die Spreewald ist sehr gut mit der Bahn oder dem Bus zu bereisen. Die Regionalzüge aus Berlin und Cottbus halten in Lübben, Lübbenau und Vetschau, manche auch in den kleineren Orten an der Bahnstrecke (z. B. Raddusch).

Preisniveau

Der Spreewald ist kein ›Billigreiseziel‹! Mit abnehmender Entfernung zu Berlin darf man kaum noch Schnäppchen erwarten. Luxuriöse Häuser haben entsprechende Preise.

Sicherheit

Der Spreewald ist ein sicheres Reiseziel, Kleinkriminalität kommt selten vor. Das Auto sollte man aber über Nacht auf bewachten oder abgeschlossenen Parkplätzen abstellen.

Verständigung

In der Region Spreewald und um Cottbus herum können Sie mitunter noch die niedersorbische Sprache hören. Für Auswärtige bleibt es eine Herausforderung, die im öffentlichen Raum vorhandenen zweisprachigen Schilder zu lesen.

Unterkünfte

Dank der Modernisierungen und vielen Neubauten befindet sich die touristische Infrastruktur auf einem hohen Niveau. In Burg/Spreewald finden Sie sogar eines der besten Hotels in Deutschland. Wer mit dem Auto unterwegs ist, wird auch ohne lange Planung immer eine adäquate Bleibe finden; wer radelt, wandert oder paddelt, sollte, vor allem am Wochenende, vorher anrufen.

Camping- und Caravanstellplätze sind vorhanden. Im Spreewald und auf dem Wasserweg Richtung Schwielochsee finden sich mehrere Rastplätze, auf denen Paddler und Radler mit eigenem Zelt für eine Nacht kostenlos oder für den symbolischen Beitrag von einem Euro übernachten dürfen.

Individuell oder organisiert?

Der Spreewald eignet sich sehr gut für individuelle Touren, es gibt aber auch mehrere Reiseveranstalter, die z.B. einen Gepäcktranfer organisieren (s. S. 143).

Kanutouren

Auf der Spree ab Burg/Spreewald bis nach Leibsch und über den Spreewald hinaus Richtung Berlin können individuelle und organisierte Touren unternommen werden. 2013 sind zwischen Cottbus und Burg Rastplätze, an mehreren Wehren und Sohlschwellen Aus- und Einstiegshilfen sowie einige Bootsgassen und Schwallstrecken errichtet worden.

Viele Bootsvermieter, manche auch im Winter geöffnet, und mit Tourenguide.

Radwanderwege

Der Spreeradweg zählt für Tourenradler bereits zu den gesamtdeutschen Klassikern. Der zumeist im Südbrandenburgischen verlaufende ›Fürst-Pückler-Radweg‹

wurde als erster in Deutschland vom Allgemeinen Deutschen Fahrrad-Club (ADFC) zertifiziert und erhielt vier von fünf möglichen Sternen, ein Teilabschnitt führt durch den Spreewald.
Darüber hinaus findet man mehrere gut ausgebaute und markierte regionale Radstrecken wie den ›Gurkenradweg‹ und einen Teilabschnitt des Themenradweges ›Sorbische Impressionen‹. Infos z.B. bei: **Allgemeiner Deutscher Fahrrad-Club** (ADFC), Landesverband Brandenburg e.V., Gutenbergstr. 76, 14467 Potsdam, Tel. 0331/2800595, www.brandenburg.adfc.de.

Historische Stadtkerne

Einige Häuserzeilen von Lübbenau (S. 56) und Lübben (S. 43) im Spreewald sowie außerhalb die Altstadt von Cottbus (S. 122) versprühen mittelalterlichen Charme.

Schlösser und Parks

Der Pücklersche Park von Branitz bei Cottbus (S. 133) gehört zu den schönsten Anlagen Deutschlands, das Schloss von Lübbenau (S. 60) ist heute einVier-Sterne-Hotel mit sehr gutem Restaurant, das Schloss in Lübben (S. 46) wird gastronomisch und museal genutzt.

Interessante Kirchen

Die wendisch-deutsche Doppelkirche in Vetschau (S. 90) ist europaweit einzigartig, die Dorfkirche in Briesen (S. 118) überrascht mit originalen mittelalterlichen Wandmalereien, die Fachwerkkirche in Schlepzig (S. 41) fasziniert mit ihrem herrlich gemalten Wolkenhimmel.

Wellnessoasen

Tauchen mit Pinguinen in den Spreewelten von Lübbenau (S. 73), Entspannen im Solewasser der Spreewaldtherme Burg (S. 98) , luxuriöse Bade- und Saunalandschaft im Resort & Spa Zur Bleiche in Burg-Kolonie (S. 104) sowie im Seehotel in Burg-Kauper (S. 108).

Ausführliche reisepraktische Hinweise: Reisetipps von A bis Z ab Seite 142.

Ein ausgezeichnetes Netz an Wander- und Radwanderwegen durchzieht den Spreewald

» ... und man kann sicher behaupten, daß der Spreewald in Teutschland die einzige Gegend ihrer Art ist, deren eigentümliche Schönheit der Aufmerksamkeit jedes Reisenden wohl werth ist.«

G. G. Schmidt
(in ›Briefe über die Niederlausitz‹, 1789)

LAND UND LEUTE

Landschaft und Tierwelt

Der Spreewald gehört zu den eigentümlichsten Landschaften in Deutschland. Wie kein anderer Fluss teilt sich die Spree mit einem Mal in hunderte Fließe, Gräben und Kanäle und bildet so ein für den Außenstehenden verwirrendes Wasserlabyrinth. Der Spreewald erstreckt sich auf einer Fläche von knapp 500 Quadratkilometern zwischen Leibsch im Norden und Burg im Süden. Er wird unterteilt in den Ober- und den Unterspreewald; die Grenze verläuft mitten durch die Stadt Lübben.

Auf seinen Wanderungen durch die Mark Brandenburg schwärmte der Schriftsteller Theodor Fontane: »Und daß dem Netze dieser Spreekanäle nichts von dem Zauber von Venedig fehle, durchfurcht das endlos wirre Flußrevier in seinem Boot der Spreewalds-Gondolier!« Er bezeichnete den Spreewald auch als ein bäuerliches Venedig im Taschenformat und als ›Vaterland der sauren Gurke‹.

Als vorläufiger Höhepunkt der Naturschutzbestrebungen gilt die Ausweisung des Spreewaldes als Biosphärenreservat der UNESCO. Es besteht seit 1990 und umfasst eine Fläche von 479 Quadratkilometern mit 37 Dörfern und zwei Städten. Die Ranger im Biosphärenreservat halten ein attraktives Ganzesjahresprogramm für Besucher bereit. Die Führungen reichen vom ›Konzertfrühling‹, bei dem Amphibien und Vögel die Musikanten sind, über die ›Lange Naturwachtnacht‹ im Sommer bis zum ›Großen Vogelzug‹ im Herbst. Bei allen Angeboten erfährt man Interessantes zur biologischen Vielfalt und deren Erhalt.

Die Spreewaldniederung entstand im Ergebnis der letzten Eiszeit durch Schmelzwasser. Der Urstrom löste sich infolge geringen Gefälles in viele kleine Rinnsale auf, die an vielen Stellen von insel- und zungenförmigen Sanddünen durchsetzt waren. Periodische Überschwemmungen ließen die Entstehung eines völlig geschlossenen Waldes nicht zu; vielmehr wuchsen Auwälder heran, die durchsetzt von Wiesen und unzähligen Wasserläufen waren.

Sumpfdotterblumen im Frühling

Verstärkte Eingriffe des Menschen begannen im 18. Jahrhundert. Durch die Rodung der Wälder und die Anlage von Kanälen entwickelte sich eine artenreiche Kulturlandschaft. Erst ab 1960, mit der Intensivierung der Landwirtschaft, setzten bedrohliche Veränderungen im Naturhaushalt ein. Große Flächen außerhalb des Kerngebietes wurden melioriert und durch Flurbereinigung entblößt und eingedeicht. Mit dem Bau des Nordumfluters und dreier Talsperren am Oberlauf der Spree fielen die periodischen Überschwemmungen des Spreewaldes aus, der jahrtausendalte Naturkreislauf wurde erheblich beeinträchtigt.

Im Arznei- und Gewürzpflanzengarten in Burg-Dorf

Um die in Europa einzigartige Auenlandschaft mit einem knapp 1600 Kilometer umfassenden feinmaschigen Gewässernetz zu erhalten, zu pflegen, in weiten Teilen zu renaturieren und dem Massentourismus in besonders wertvollen Arealen Einhalt zu gebieten, entstand das Biosphärenreservat. Etwa 6000 Tier- und Pflanzenarten, davon 1200 Wildpflanzen sowie 138 Brutvogelarten, 830 Schmetterlingsarten, 113 Muscheln und Schnecken, 48 Libellenarten, 36 Fischarten und 45 verschiedene Säugetierarten wurden registriert. Typische Tiere des Spreewaldes sind Störche, Fischotter, Ringelnatter und Zander. 150 der hiesigen Pflanzenarten stehen auf der Roten Liste gefährdeter Arten und sind deutschlandweit bestandsbedroht, so die Wassernuss, mehrere Sonnentauarten und das Knabenkraut. Viele einst heimische Tiere sind in den letzten Jahrzehnten bereits verschwunden: Birkhühner, Blaurake, Große Rohrdommel und die stattlichen Trappen. Erfreulicherweise erholen sich dagegen die Fischotter- und Biberbestände, und Fischotter und Weißstorch leben im Spreewald noch in intakten Populationen. Um seltene Fischarten zu schützen, werden vielerorts Fischtreppen gebaut. Das hilft auch dem einstigen Charakterfisch des Spreewaldes, der Quappe (Lota lota). Dies ist der einzige Fisch aus der Sorte der Dorscharten, der im Süßwasser lebt, und gleichzeitig ist er ein vorzüglicher Speisefisch. Die Quappe hält sich vorwiegend am Gewässerboden auf und ist dämmerungs- und nachtaktiv.

Große Aufmerksamkeit wird der Beibehaltung der traditionellen Bewirtschaftungsformen durch die Bewohner des Spreewaldes geschenkt. Typisch im Landschaftsbild sind die großen Heuschober auf den Wiesen, die von weitem an die Zwiebeltürme bayerischer Kirchen erinnern. Die Sorben nennen die Heutürme ›stog‹. Gemäht wurde das Gras einst nur mit der Sense. Es wurde ab vier Uhr in

Der Tertiärwald im Cottbuser Spreeauenpark

der Frühe geschnitten, weil der Morgentau das Gras etwas steif macht, wodurch es sich besser sensen lässt. Danach muss das Heu gut trocknen; das dauert ein oder zwei Wochen, je nach dem Wetter. Feuchtes Heu würde später schimmeln. Aufgetürmt auf Holzgestellen und mit einer Harke glatt gekämmt, kann das Regenwasser gut ablaufen, und das Heu bleibt an der frischen Luft lange nahrhaft. Der ›stog‹ war einst der Wintervorrat. Es kann bis zu vier Jahren hier lagern und wird trotzdem vom Vieh gern gefressen. Eineinhalb Tonnen wiegt ein frischer Heuhaufen, und eine einzige Kuh frisst über den Winter einen ganzen Heuschober auf! Heute werden die meisten ›Haufen‹ nur noch für die Touristen zum Angucken aufgestellt. Das Gras wird jetzt von Maschinen gemäht, in große Rollen geformt und in weiße Plastikfolie gewickelt: Das sieht nicht mehr so hübsch aus wie früher, aber die Arbeit für den Spreewaldbauern ist viel leichter geworden. Aufklärung und Information sind ebenfalls Anliegen der Reservatsleitung; es werden Führungen durch Mitarbeiter der Naturwacht angeboten.

In der Gegenwart drohen dem Spreewald mehrere Gefahren gleichzeitig: Werden die Schwarzerlen großflächig aus dem Spreewald verschwinden? Werden die Fließe völlig verkrauten und verschlammen? Zu DDR-Zeiten wurden die Wasserläufe regelmäßig ausgebaggert und der nährstoffreiche Schlamm sorgte auf den Feldern für eine natürliche Düngung. Das ist heute nicht mehr ohne Weiteres möglich. Eine bundesdeutsche Hafen-Baggergutrichtlinie, die kurioserweise auch für den Spreewald Gültigkeit besitzt, schreibt vor, jegliches Austragungsmaterial zuvor auf Schadstoffe zu untersuchen. Diese Proben kosten viel Geld. Werden Grenzwerte überschritten, muss der Fließeschlamm auf eine Schadstoffdeponie transportiert werden, was erneut mit hohen Kosten verbunden ist. Der meiste Schlamm bleibt daher dort, wo er ist: in den Wasserläufen.

Ein neues Phänomen ist die rot-braune Färbung des Spreewassers. Durch den Grundwasseranstieg nach dem Braunkohlenabbau im Oberlauf der Spree gelangt jetzt viel Eisenoxyd in das Grundwasser und somit in den oberirdischen Wasserkreislauf. Das ist nicht nur ein optisches Problem, sondern führt auch zur weiteren Verarmung von Flora und Fauna. Inzwischen engagieren sich Bürger im neuen Aktionsbündnis ›Saubere Spree‹. So werden alte Grubenwasserreinigungsanlagen wieder in Betrieb genommen, eventuell müssen Dichtwände gebaut werden. Der Höhepunkt der Verockerung ist noch nicht erreicht, dieser Prozess wird noch etwa 100 Jahre andauern.

Schlangen

Mit den Schlangen, die hier früher massenhaft vorkamen, verbinden sich im Spreewald zahlreiche Sagen und Legenden. Bei den Slawen verkörperte die Ringelnatter den guten Geist des Anwesens. Sie sollte Feuersbrunst und Krankheiten von den Bewohnern fernhalten, bösen Hexen und Geistern den Zutritt verwehren. Ringelnattern und Blindschleichen haben die Spreewälder einst vor Hochwasser gewarnt. Denn sie spürten die Gefahr und sammelten sich auf den sogenannten Kaupen. Das sind die Flächen, die auch bei erhöhtem Wasserstand trocken blieben. So hatten die Bewohner noch genügend Zeit, sich und ihre Habe in Sicherheit zu bringen. Zwei gekreuzte Schlangenköpfe an den Enden der Windlatte des Dachgiebels sollen den Hausbewohnern Glück bringen; daher sind sie überall zu finden.

Hochwasser und Wasserwirtschaft

Der Spreewald wurde durch die Kraft der Spree modelliert. Hier teilt sich der Hauptstrom in ein Netz von Wasserstraßen. Auch die kleineren Wasserläufe tragen wie Nebenstraßen Namen wie Schlangengraben, Krummes Fließ, Milanka oder Zerkwitzer Kahnfahrt. Die ›Spreewaldautobahn‹ ist die Hauptspree. Bäche heißen im Spreewald Fließe. Doch sie werden oft ihrem Namen nicht gerecht und stehen still. Auch die Hauptspree fließt meist träge dahin, denn dem Spreewald fehlt das Gefälle. Gerade einmal 1,5 Zentimeter Höhenunterschied liegen auf einer Strecke von 100 Metern. Von Leipe bis Lübben – das sind 12 Kilometer Luftlinie – beträgt der Höhenunterschied auch nur einen Meter. Man darf also keine Stromschnellen erwarten. Die Wasserarme sind dennoch herrliche ›Straßen‹ und weitgehend frei von Motorenlärm und Gestank: Nur in Lübbenau und Umgebung dürfen manche Leute mit einer Sondergenehmigung auch mit Bootsmotor fahren.

Jahrhundertelang musste sich die Bevölkerung mit periodischen Frühjahrs- oder Sommerhochwassern abfinden. Extreme Wassermengen nach starker Schneeschmelze oder ergiebigen Regenfällen brachten die Spreewälder oft um Hab und Gut, überflutete Felder und Wiesen waren die Ursache für regionale Hungerkatastrophen und Viehsterben. Die Untertanen wandten sich an ihre Herren oder gar den König, doch erst um die Wende zum 20. Jahrhundert wurden erste Hochwasserschutzmaßnahmen ergriffen, weitere folgten in den

1930er Jahren. Die DDR-Regierung ging den Hochwasserschutz frontal an: Im Oberlauf der Spree, bei Bautzen und bei Spremberg, entstanden große Rückhaltebecken, die größere Schäden verhindern. 1973 wurde im Spreewald der Nordumfluter fertiggestellt, der große Wassermassen ableiten kann und so das Kerngebiet des Spreewaldes schützt. Seit den 1960er Jahren gab es daher keine Hochwasserkatastrophe mehr. In den Sommern 2010 und 2011 stellte sich im Quellgebiet der Spree im Oberlausitzer Bergland die gefürchtete Vb-Wetterlage ein, wobei ein Mittelmeertief über die Poebene oder Nordadria hinweg, um die Alpen herum, nordostwärts über Tschechien nach Deutschland und Polen zieht und hier abregnet. Ohne das Rückhaltevermögen der beiden Talsperren Bautzen und Spremberg wären die Stadt Cottbus und der Spreewald in den Fluten versunken. Weil das Hochwasser zwar dosiert, aber nur sehr langsam abfloss, kam es in der Folge zum großen Erlensterben, da diese Baumart keine wochenlange Staunässe verträgt. Andererseits war der Winterstau, so heißt die gewollte dosierte Überflutung von Wiesen, bis vor einem halben Jahrhundert noch üblich. Mancherorts wird dieses Verfahren wieder praktiziert, und die Flächen sollen erweitert werden, denn die Spree sorgt so für eine natürliche und umweltverträgliche Düngung.

Das Hochwassermanagement wird sich in den nächsten Jahren weiter verbessern. Durch den Braunkohletagebau sind im Ober- und Mittelauf der Spree riesige Restlöcher verblieben, die durch ein System von Zu- und Abläufen mit der Spree verbunden werden. Auf diese Weise erhöht sich das Aufnahmevermögen erheblich. In trockenen Sommern kann somit auch eine erforderliche Mindestfließmenge in der Spree gesichert werden.

Wehr mit Schleuse an der Dubkow-Mühle

Allerdings stellt der Bergbau die Wasserwirtschaft vor neue Probleme. Durch das Auswaschen der Kippenböden und den Anstieg des Grundwassers gelangen Eisenhydroxyd und Sulfat an die Oberfläche, oxydieren und färben das Wasser braun. Im Oberspreewald, so bei Raddusch, hat die braune Brühe der Spree schon manchen Gast, aber auch die Experten in Schrecken versetzt. Denn es handelt sich nicht nur um einen optischen Makel – eine höhere Eisenhydroxydkonzentration führt langfristig zu einer ärmeren Fauna und Flora. So verkleben die Kiemen der Fische, auch Kleinstlebewesen kommen damit nicht zurecht. Sulfat ist auch dem menschlichen Organismus nicht zuträglich. Wie man einen flächendeckenden Schutz organisieren will, ist derzeit noch ungeklärt.

Sagenhafte Gestalten

Drachen und Irrlichter kennt man auch in vielen anderen Gegenden Deutschlands; typische Lausitzer und Spreewälder Sagengestalten sind Lutki, Mittagsfrau, Nix/Wassermann und Schlangenkönig.

Lutki (sorbisch/wendisch), übersetzt als Luttchen oder Leutchen, sind Männlein, die knallrote Jäckchen und Mützen tragen. Als Aufenthaltsort bevorzugen sie unterirdische Regionen, andere Quellen sprechen vom Burger Schlossberg als Heimat. Den Armen sind die Lutki wohlgesonnen, von ihnen leihen sich die Kobolde auch öfters Haushaltsgerätschaften aus. Für Außenstehende ist verwirrend, dass in der Lutki-Sprache alles verneint wird. Sie sagen zum Beispiel, dass sie keine Teigschüssel brauchen, weil sie nicht backen wollen. Ob man die kleinen Geister noch antrifft? So wird behauptet, dass die Lutki den Spreewald bereits mit dem Einzug des Christentums verließen: Der laute Klang der Kirchenglocken war ihrem feinen Gehör nicht zuträglich …

Vor allem die Legende von der Mittagsfrau (sorbisch/wendisch pśezpołdnica) mahnt die Hektiker der modernen Zeit: ›Mach mal Pause!‹ Dabei muss man sich nicht sklavisch an die Uhrzeit halten, wie die Mittagsfrau etwa die Ruhestunde von zwölf bis eins bestimmte. Wer dies missachtete, den traf unter Umständen der tödliche Schnitt ihrer Sichel. Es gibt aber einen Ausweg, den eigenen Kopf zu retten: Man muss der erbosten Frau nur über den Flachsanbau und dessen Verarbeitung berichten, bis die Mittagsstunde überschritten wird. Dann zieht sie ohne die tödliche Bestrafung von dannen.

Einen Wassermann (sorbisch/wendisch nyks oder wodny muž) trifft man in vielen Gegenden Europas an. Bei den Slawen im Spreewald ist er wegen der vielen Fließe und Tümpel allgegenwärtig. Vorsicht ist geboten: Vor allem hat er es auf Kinder abgesehen, die er bevorzugt mit einer Keule tötet. Erwachsene, die ihm zu nahe kommen, zieht er in sein unterirdisches Reich. Ertrunkene frisst der Wassermann, ihre Seelen hält er in kleinen Töpfen gefangen.

Der Schlangenkönig (sorbisch/wendisch wuźowy kral) gilt im Spreewald als ein Glücksbringer, ebenso wie Schlangen gern als Zaungäste angesehen werden. Derer zu Lynar haben das edle Reptil sogar ins Familienwappen übernommen. Ihr Lübbenauer Schloss verdankt die blaublütige Familie angeblich einem gewitzten Vorfahren, der dem Schlangenkönig die Krone entwenden konnte. Die goldene Krone brachte so viel ein, dass mit dem Erlös eine prächtige Residenz gebaut werden konnte. Die einfachen Spreewälder haben zwar kein Familienwappen, aber auch sie huldigen dem Schlangenkönig mit zwei hölzernen Abbildern an der Windleiste vieler Dächer.

Der sorbische Drachen (sorbisch/wendisch plon) betätigt sich bevorzugt als finanzieller Glücksbringer: Taucht er auf, sollte man ihn mit Hirsebrei anlocken und verköstigen. Zum Dank revanchiert er sich mit reichlichen Korngaben, die jahrelang vorhalten, oder sogar mit einem Geldsegen!

Geschichte

Über die Frühgeschichte des Spreewaldes ›erzählen‹ eine Anzahl erhaltener Wall- und Befestigungsbauten sowie eine Fülle von Bodenfunden. Einzelfunde aus der mittleren Steinzeit, die bei Burg, Müschen, Raddusch und Schmogrow gemacht wurden, beweisen, dass hier schon seit mindestens 4000 Jahren Menschen leben. Im 19. Jahrhundert erforschte der Arzt Rudolf Virchow intensiv die Besiedlung während der Bronzezeit und prägte den Begriff der ›Lausitzer Kultur‹. Im Spreewald, so am Schlossberg von Burg, in Werben und Babow, fand er typische Keramik mit Buckel-, Riefen- und Rillenverzierungen sowie Bronzegegenstände, vor allem als Grabzugaben.

Ab dem 6. Jahrhundert kamen slawische Stämme in das Lausitzer Gebiet, ab dem 9. Jahrhundert wurden sie als Lu(n)sizi bekannt. Im Laufe der Zeit übertrug sich deren Name auch auf die Landschaft. Die war einst durch großflächige Feuchtgebiete geprägt. Das niedersorbische Wort Łužyca und das obersorbische Łužica bedeuten Sumpf oder Morast und verweisen somit auf diese Moore und Sümpfe. Ab dem 2. Jahrhundert unserer Zeitrechnung ist auch der Aufenthalt germanischer Stämme nachweisbar, die aber den Landstrich nach und nach verließen. Ab dem 6. Jahrhundert nahmen slawische Stämme aus dem Gebiet östlich der Oder den weitgehend siedlungsfreien Lausitzer Raum in Besitz. Die Lusizer als Vorfahren der Niedersorben/Wenden bevölkerten die Niederlausitz.

Kopie eines Bronzewägelchens in der Slawenburg Raddusch

Treuegelöbnis der Lübbener für den Kurfürsten Friedrich II. Eisenzahn im Jahr 1448

Ab 928 begann die deutsche Ostexpansion unter der Führung von König Heinrich I. Als Ausgangspunkt zahlreicher Feldzüge in die Lausitz diente dem König die im Jahr 929 erbaute Burg Meißen. Bis zu seinem Tod im Jahr 936 hatte Heinrich alle slawischen Bewohner unterworfen und zur Zahlung von Abgaben verpflichtet. Die Expansionspolitik gen Osten wurde von seinen Nachfolgern Otto I. (936–973) und Heinrich II. (973–1024) weiterverfolgt. Die deutsche Herrschaft beschränkte sich jedoch meist auf befestigte Stützpunkte und Zufluchtsstätten, so den Burglehn bei Lübben, den Schlossberg bei Burg und den Barzlin bei Lübbenau.

In den folgenden Jahrhunderten bildete die Niederlausitz – und damit auch der Spreewald – ein Streitobjekt zwischen den benachbarten Staaten. Das polnische Reich unter Führung von Bolesław Chrobry (992–1025) sah seine Macht durch die deutsche Expansion gefährdet. Nach kriegerischen Auseinandersetzungen wurde die Lausitz 1018 dem polnischen Königreich einverleibt, kam jedoch bereits 1032 wieder unter die Standesherrschaft des deutschen Feudaladels. Die Lusizer erweiterten ihr Siedlungsland durch die Kultivierung neuer Flächen und schufen sich ein weitgehend zusammenhängendes Territorium. Gleichzeitig schritt der Landesausbau mit der Ansiedlung von Bauern, Kaufleuten und Handwerkern – vor allem aus Franken, Thüringen und dem Rheinland – voran. Sie siedelten sich, weithin friedlich, vor allem in zuvor unbewohnten Gebieten an. An den Kreuzungen wichtiger Handelsstraßen kam es zu Stadtgründungen, so in Lübben.

Mehrere Hochwasser führten zwischen 1312 und 1315 zur Hungerkatastrophe. Die Lübbenauer Stadtchronik weiß zu berichten: »Das Wasser der Spree verdarb alle Feldfrüchte. Die hungernden Menschen wurden zu reißenden Tieren. Sie nährten sich vom Fleisch ihrer Blutsverwandten und schreckten nicht zurück, die Leichname der Missetäter am Hochgericht zu verspeisen.«

Von 1076 bis 1253 und von 1378 bis 1635 war die gesamte Lausitz ein Lehnbesitz der böhmischen Krone. Während die nördliche Niederlausitz mit dem Spreewald zuvor von einem Burggrafen, dem Vertreter des Markgrafen, verwaltet worden war, regierte nun ein Landvogt. Für ihn erbaute man in Lübben ein stattliches Schloss, das Geld dafür wurde den Untertanen abgepresst. Von Bischof Thietmar ist folgender Ausspruch überliefert: »Wenn ein Slawe gehorchen soll, muß man ihn Heu fressen lassen wie einen Ochsen und prügeln wie einen Esel.«

Anfang des 16. Jahrhunderts setzte sich die Bezeichnung Niederlausitz für den nördlichen Bereich der Lausitz durch. Ende des 17. Jahrhunderts erblühte in vielen Teilen der Lausitz das Tuchmacherhandwerk. Großen Einfluss darauf hatten die eingewanderten Glaubensflüchtlinge – Protestanten aus Böhmen, Frankreich sowie den Niederlanden –, die ihre Kenntnisse und Erfahrungen auf diesem Gebiet in die Lausitz und den Spreewald brachten. Im Ergebnis des Wiener Kongresses (1815) wurde die gesamte Niederlausitz preußisch. Mitte des 19. Jahrhunderts erfasste die Industrialisierung auch den Spreewald. Der Anschluss an die Bahn förderte vor allem die Ausfuhr landwirtschaftlicher Erzeugnisse sowie etwas später auch den Spreewald-Tourismus.

Immer wieder auftretende Hochwasser machten den Spreewäldern zu schaffen, brachten Leid und Armut. Pläne zum Hochwasserschutz gab es schon seit dem Jahr 1860. Ein Kanal sollte von Fehrow über den Byhleguhrer und Byhlener See bis zum Schwielochsee gegraben werden. Daraus wurde nichts. In den Jahren 1897 und 1901 fielen die Spreefluten besonders heftig aus. Die Burger Bauern verfassten eine Petition an Kaiser Wilhelm II. Unter anderem führten sie aus: »… Die unterzeichneten Bewohner des Spreewaldes, eines früher reich gesegneten Landstriches, der seit vielen Jahren durch furchtbare Hochwasser heimgesucht wird und seinem unvermeidlichen Untergang durch Versumpfung vor Augen sieht, wagen es, da von keiner anderen Seite mehr Rettung möglich scheint, Eurer Majestät … dringend um Rettung und Hülfe anzuflehen …« Der Regent konnte seinen Spreewäldern nicht viel helfen: Der damals fertiggestellte Dahme-Umflutkanal konnte nur einen Teil der Hochwasserspitzen der Fließe im Unterspreewald ableiten.

Mit dem Anwachsen deutsch-nationalistischer Tendenzen wurde es für die Wenden immer schwieriger, ihre Identität zu wahren. Am 13. Oktober 1912 entstand daher mit der Domowina daher die erste politische Vereinigung der Sorben/Wenden. In den 1920er Jahren wurden im Spreewald einige Staugürtel angelegt und teilweise mit Kahnschleusen verbunden. Die beiden Weltkriege (1914–1918 und 1939–1945) forderten auch im Spreewald blutigen Tribut, wie zahlreiche Namen auf Gedenksteinen bis in die Gegenwart dokumentieren. Bei der Eroberung durch die Rote Armee am Ende des Zweiten Weltkrieges wurde Lübben weitgehend zerstört, das nahegelegene Cottbus erlitt bei einem angloamerikanischem Bombenangriff schwere Schäden.

Mit Gründung der DDR am 7. Oktober 1949 wurden alle politischen Kräfte gleichgeschaltet. Den Sorben/Wenden wurde Gleichberechtigung und Schutz ihrer nationalen Eigenheiten zugesichert, dennoch war ihre beschleunigte Assimilierung mit der deutschen Bevölkerung vor allem wegen der Industrialisierung nicht aufzuhalten.

Im Jahr 1973 wurde in der Nähe des Dörfchens Fehrow der Nordumfluter vollendet. Damit ist der Landschaftsraum zwischen Burg und Lübben vor Hochwassergefahren relativ sicher geworden.

Nach der politischen Wende wurden die in der Lausitz ansässigen Sorben/Wenden durch eine Erklärung der Bundesregierung als nationale Minderheit anerkannt. 2005 wurde die Wendische Volkspartei (Serbska Ludowa Strona) gegründet.

Wirtschaft

Die Braunkohlekraftwerke von Lübbenau und Vetschau gehörten ab Anfang der 1960er Jahre zum Kohle- und Energiezentrum der DDR. Aufbau und Entwicklung dieses Industriezweiges gründeten sich auf reiche Braunkohlevorkommen in der unmittelbaren Nähe. Nach 1990 ist der Braunkohleabbau um etwa zwei Drittel zurückgegangen, die beiden Kraftwerke am Rande des Spreewaldes wurden abgeschaltet und später zurückgebaut. Durch den dadurch bedingten rasanten Abbau von Arbeitsplätzen setzte eine hohe Abwanderung ein, außerdem ist die Geburtenrate stark gesunken. Sinkende Bevölkerungszahlen werden auch für die kommenden Jahre vorausgesagt. Vor allem die Jugendlichen – dabei mehr Frauen als Männer – verlassen ihre Heimat gen Westen.

Begehrtes Exportgut: Meerrettich aus dem Spreewald

Heute ist der Tourismus neben der Gemüse- und Konservenproduktion ein beachtlicher Wirtschaftsfaktor. 1859 sang Theodor Fontane während seiner Streifzüge durch die Mark Brandenburg ein Loblied auf den Spreewald. Über seine Erlebnisse und Eindrücke schrieb er eine Artikelfolge in der ›Neuen Preußischen Zeitung‹. Aber Fontanes Rufe blieben anfangs ungehört, zu aufwendig erschien wohlhabenden Erholungssuchenden aus Berlin eine ganztägige Anfahrt mit der Kutsche. Das änderte sich im Jahr 1866: Lübben und Lübbenau erhielten einen Bahnanschluss. Im gleichen Jahr erschien der erste Spreewald-Reiseführer. Als 1882 dann Fontanes vierter Band seiner ›Wanderungen‹ erschien – ›Spreeland‹ –, fiel seine Werbebotschaft auf fruchtbaren Boden. In diesen Jahren organisierte der Lübbenauer Lehrer und Ortschronist Paul Fahlisch Gesellschaftsfahrten aus Berlin und Dresden in den Spreewald. Nun begann das Zeitalter des Massentourismus, Heerscharen aus allen Teilen Deutschlands wollten den geheimnisvollen Spreewald erleben. Die ersten Kahnfährgäste musste noch mit Strohsäcken als Sitzgelegenheiten vorlieb nehmen, doch bald wurden die Kähne mit bequemen Bänken ausgestattet. Seit diesen Anfängen ist der Fremdenverkehr ständig gewachsen, und heute erkunden jährlich rund anderthalb Millionen Besucher den Spreewald, am liebsten wie jeher mit dem Kahn, zu Fuß, mit dem Fahrrad und an kalten Wintertagen auch mit Schlittschuhen.

Die Kultur der Sorben/Wenden

Die Slawen kamen im Verlauf der großen Völkerwanderung im 6. Jahrhundert in die Lausitz. In weiter westlich gelegenen Regionen, wie im Wendland sowie an Saale und Mulde, assimilisierten sie sich an die deutsche Mehrheit, und Verbote ihrer Sprache trugen auch dazu bei, dass sie ihre Sitten und Bräuche schon bis zum 16. Jahrhundert verloren. Die Mark Lausitz (Niederlausitz) war davon we-

Beim Heimat- und Trachtenfest in Burg

niger betroffen, da sie schon damals dichter von Sorben (auch Wenden genannt) besiedelt war. Und auch die relative Abgeschiedenheit der Lausitz trug dazu bei, dass die slawische Bevölkerung zunächst ihre Traditionen bewahren konnte.

Im Zuge der Reformation entwickelten sich die ober- und niedersorbischen Schriftsprachen. Im 19. Jahrhundert entstand eine breite sorbisch-wendische Volksbewegung, eine bürgerliche Kultur begann sich zu entfalten, und es bildete sich ein eigenes Nationalbewusstsein heraus. Die Industrialisierung, der Schulunterricht und der Gottesdienst, die immer mehr in deutscher Sprache abgehalten wurden, führten jedoch zu einer verstärkten Assimilierung. Während des Nationalsozialismus waren alle öffentlichen sorbisch-wendischen Aktivitäten verboten.

Die Slawen in der Niederlausitz bezeichnen sich selbst als Wenden. Die Sprachen in beiden Teilen der Lausitz unterscheiden sich nur in geringem Maße. Heute befinden sich die Wenden/Sorben trotz staatlicher Förderung bis auf wenige Dörfer überall in der Minderheit; nach Schätzungen bilden sie in der Lausitz eine Gruppe von rund 60 000 Menschen. Die Politik bemüht sich, besonders durch die Stiftung für das sorbische Volk, die sorbische Sprache sowie die Kunst und Volkskultur mit ihren überlieferten Sitten und Bräuchen zu erhalten, wieder aufleben zu lassen und sie vor allem der jüngeren Generation nahe zu bringen.

Bräuche

Im Verlaufe des Jahres werden verschiedene Bräuche gepflegt, an vielen von ihnen nimmt auch die deutsche Bevölkerung teil.

Die Vogelhochzeit (25. Januar) ist heute ein populäres Kinderfest, bei dem die Kleinen am Abend zuvor Teller ans Fenster stellen. Die Vögel, gerade auf Hochzeitsflug, bescheren den Kindern Süßigkeiten und Gebäck als Dank für die Winterfütterung. In Vogelgewänder gekleidet, feiern die Jüngsten ein lustiges Fest.

Zum Zapust (zwischen Januar und März), der niedersorbischen Fastnacht, finden Umzüge zum Austreiben des Winters statt. Drei Tage lang wird gefeiert. Beim Fastnachtstanz sollen die Mädchen besonders hoch springen, damit der Flachs auf den Feldern gut gedeiht. Höhepunkt ist der Umzug der Jugend in Festtagstrachten. In Werben tragen alle Mädchen eine Haube (lapa).

Zampern ist ein traditioneller Heischegang, wobei die Zamperer verkleidet von Haustür zu Haustür ziehen und um Gaben und Kleingeld bitten. Beim abschließenden Fastnachtstanz wird alles wieder aufgebraucht.

Im Frühling werden die Ostereier als Symbol der Fruchtbarkeit in Ätz-, Kratz- und Wachstechnik kunstvoll verziert. In vielen Orten der Lausitz finden alljährlich Ostereiermärkte statt.

Beim Osterreiten am Ostersonntag zieht ein Reiterzug von Zerkwitz nach Lübbenau und überbringt die Osterbotschaft. Das Ostersingen, wie es in Dissen stattfindet, ist wenig verbreitet. Osterfeuer sind häufig, allein in Burg gibt es etwa 50 Standorte.

Zum Hexenbrennen (30. April) in der Walpurgisnacht werden riesige Feuer entzündet, auf denen eine Hexe – aus Lumpen zusammengenäht – verbrannt wird; ein Symbol dafür, dass der Winter nun endgültig dem Frühling die Vorherrschaft überlassen muss.

Ausgelassene Spreewälderinnen beim Festumzug

Bald darauf wird der sorbische Maibaum aufgestellt. Dieser Baumstamm ist etwa 30 Meter lang, mit Girlanden umwunden und mit einer kleinen Birke am oberen Ende geschmückt. Unterhalb des Wipfels hängt ein bunter Kranz. Das Maibaumwerfen ist zumeist mit einem Dorffest verbunden.

Im August werden beim Hahnrupfen, Hahnschlagen, Stoppel- und Stollenreiten auf den abgeernteten Feldern die geschicktesten und schnellsten Reiter ermittelt und mit dem Siegerkranz geehrt. Erntedankfeste und Kirmes finden im Oktober statt.

Trachten

Die wendische Frauentracht hat sich in den meisten Orten erhalten, auch wenn sie nur noch zu Empfängen, Festen und Umzügen getragen wird. Charakteristisch ist der weite, fußfreie Faltenrock, zu dem sechs bis sieben Meter Stoff gebraucht werden, Mieder und Brusttuch und das schmetterlingsartig gebundene Kopftuch. Einheimische und Fachleute können an Feinheiten der verschiedenen Trachten, an Form und Farbe des Kopftuches und an der Länge der Röcke leicht erkennen, aus welchem Ort die Trägerin stammt und ob man eine Braut, eine unverheiratete junge Dame oder eine Witwe vor sich hat.

»Die ganze Tracht ist äußerst farbenfreudig, und es gibt kaum ein schöneres Bild als die im höchsten Festschmuck zum Kirchgang in Burg oder Vetschau versammelten Spreewälderinnen mit den roten, blauen, violetten und grünen Röcken, den kostbaren hellfarbigen Seiden- und Atlasschürzen und den buntbestickten, mit echten Spitzen besetzten Kopftüchern. Ältere Frauen bevorzugen schwarze oder grüne Röcke, schwarze oder dunkle Schürzen und schwarze oder weiße Kopftücher. Schwarz und weiß sind die Trauerfarben; ebenso ist Schwarz die Festfarbe an hohen kirchlichen Feiertagen und die Farbe des Brautkleides.« (aus ›Der Spreewald‹, Grieben, 1930). Heute sieht man die in herrliche Stoffe und Stickereien gehüllten Mädchen und Frauen nur noch selten – zu schwer, zu unbequem ist diese Kleidung im Alltag. Im April 2013 war die Spreewaldstadt Lübbenau Gastgeber des Deutschen Trachtentages, in dessen Rahmen der Deutschen Trachtenverband (DTV) die Niedersorbische Festtracht zur Tracht des Jahres kürte.

Sprachen

Im Spreewald wird neben deutsch auch sorbisch/wendisch gesprochen. Für Auswärtige ist dies am ehesten an der zweisprachigen Ausschilderung vieler Ortschaften zu erkennen. Vor allem ältere Bewohner bedienen sich in verschiedenene Dialekten noch ihrer slawischen Muttersprache, des Niedersorbischen/Wendischen, das zur westslawischen Sprachgruppe gehört. Das im Spreewald verwendete Niedersorbisch zeigt Parallelen zur polnischen Sprache. In der Niederlausitz wird heute wieder stärker die Bezeichnung Wendisch für Sorbisch gebraucht, auch um deutlich zu machen, dass es kleine, aber feine Unterschiede zur Oberlausitz gibt.

Ein Kinderbuch in sorbischer Sprache

Zweisprachiges Straßenschild in Cottbus

Mit dem Erstarken der Reformation bildete sich das sorbische Schrifttum heraus; die erste Übersetzung des Neuen Testaments stammt aus der Mitte des 16. Jahrhunderts. Einen enormen Entwicklungsschub brachte die Epoche der Aufklärung ab Mitte des 18. Jahrhunderts. Anders als von den beiden Preußenkönigen Wilhelm I. und Friedrich II. geplant, führte die von ihnen geförderte Neuansiedlung im Burger Raum nicht zum Niedergang der wendischen Kultur – im Gegenteil: Die Neuankömmlinge passten sich an, gingen ganz in der wendischen Bevölkerung auf.

Mit Beginn des Industriezeitalters und dem verstärkten Zuzug deutschsprachiger Bürger gewannen der deutsche Schulunterricht sowie die deutsche Predigt in den Kirchen die Oberhand. Damit setzte eine rasche Assimilierung der slawischen Bevölkerung ein, nationalistische Auswüchse vor und während der beiden Weltkriege verstärkten diesen Trend. Zu DDR-Zeiten gesellte sich der Zerfall der über Jahrhunderte gewachsenen dörflichen Strukturen dazu, der seine Ursache vor allem in der Zerstörung kompletter Dörfer am Südrand des Spreewaldes durch den Braunkohlebergbau hatte. So gewann die deutsche Sprache fast überall die Oberhand.

Auch wenn die politische Wende neue Impulse für den Erhalt der sorbischen Sprache hervorbrachte, liegt dennoch die Zukunft dieses einmaligen Kulturgutes in der Verantwortung jedes einzelnen Angehörigen der sorbisch-wendischen Minderheit. In der Niederlausitz wurde 1988 das›Witaj‹-Sprachprojekt ins Leben gerufen. Bereits im Kindergarten wird damit begonnen, die Kleinen aktiv mit der wendischen Sprache bekannt zu machen. Das Niedersorbische Gymnasium in Cottbus steht allen Kindern sorbischer und deutscher Abstammung gleichermaßen offen. Dennoch ist der Erhalt der sorbischen Sprache im Brandenburgischen weiterhin gefährdet. Das Niedersorbische/Wendische gehört zu den Minderheitensprachen in Europa, die besonders bedroht sind.

Der parteilose Landtagsabgeordnete Gerd-Rüdiger Hoffmann zeigt sich besorgt über die wenigen Schüler, die im Spreewald noch die Sprache ihrer Vorfahren erlernen möchten: »Dort reicht offenbar die Folklore«. Durch die Herausgabe sorbischsprachiger Literatur hat sich vor allem der Domowina-Verlag um die Bewahrung der Sprache verdient gemacht. Außerdem werden sorbische Sprachkurse angeboten; an der Uni Leipzig existiert schon seit Langem das Institut für Sorabistik.

Leichter sorbisch lesen

Die Zischlaute sind für deutsche Münder anfangs ungewohnt und recht gewöhnungsbedürftig; sie werden in der Schriftsprache mit den kleinen Häkchen und Strichen über manchen Buchstaben dargestellt. Hier eine kleine Hilfe für die richtige Aussprache in Sorbisch/Wendisch:

s wie ss (wie in Schloss)
z wie s (wie in Sahne)
c wie z (wie in Zahn)
š wie sch (wie in Schule)
ž wie dsch (wie in Journal)
č wie tsch (wie in Tschechien)
ś wie schwaches tsch, ohne hörbares t
ź wie schwaches dsch, ohne hörbares d (wie Dschungel ohne d)
ć wie tsch, aber schwächerer im Klang
ě wie ie aber zu einem Buchstaben vereinen (wie njet)
ł wie w
ń wie nj (wie beim Flussnamen Njemen)

Der Spreewald mit Kindern

Wer noch nicht da war, kann auch nicht wissen, dass der Spreewald in Wahrheit gar kein Wald ist. Denn dieser Flecken, gar nicht so weit weg von der Millionenstadt Berlin, besitzt zwar manches Wäldchen, aber noch viel mehr: Sümpfe wechseln mit bunten Blumenwiesen, kleine Äcker und Felder mit großen grünen Weideflächen, auf denen sich Kühe oder Schafe aufhalten. So ist der Spreewald eine wundersame ›Schule der Natur‹, in der Eltern ihren Kindern Fauna und Flora näherbringen und ihnen gleichzeitig Beispiele einer zukunftsweisenden Land- und Viehwirtschaft zeigen können.

Die Spreewälder leben auch nicht im Wald, sondern in Dörfern, Kleinstädten oder in Streusiedlungen: Das Dorf Burg ist ein solches Streudorf, in dem man sich schnell verlaufen kann. Hier stehen die Häuser mancherorts so weit auseinander, dass man den Nachbarn nicht sehen kann. Dieses Terrain, oft abseits vom lauten Verkehr, eignet sich hervorragend für ausgedehnte Fahrrad-, Wander- und Paddelbootausflüge in Familie.

Wer im Spreewald zu Fuß unterwegs ist, muss oft über eine ›Bank‹ steigen. Das ist für Kinder eine willkommene Abwechslung, etwa auf dem Wanderweg vom Lübbenauer Markt zur Wotschofska (S. 64) gibt es gleich mehrere. Bänke nennt man hier die sonderbaren Holzbrücken mit Stufen, die über Fließe und Kanäle führen. Sie sind ziemlich hoch gebaut, nicht nur, damit sich die Kahnfährmänner und -frauen beim aufrechtem Staken der Kähne keine Beulen und Schrammen holen, sondern vor allem, damit die früher oft hoch gestapelte Fracht im Kahn blieb. Anfangs besaßen die kleinen Brücken nur auf einer Seite ein Geländer, und von weitem sahen diese Holzkonstruktionen aus wie eine Parkbank – daher der ungewöhnliche Name.

In früheren Zeiten fingen die Spreewaldfischer oft mehr Fisch, als die Familie essen konnte. Daher ersannen die Spreewälder einen Holzbehälter als Vorratskammer. Die kleinen Fischgefängnisse, die Fischkästen, sind vielerorts noch erhalten geblieben. Wer einen aus nächster Nähe sehen oder gar untersuchen möchte, begibt sich nach Schlepzig. In der Dauerausstellung in der Alten Mühle, ›Unter Wasser unterwegs‹, können Kinder und Eltern dieses Exemplar ausführlich betrachten (s. S. 40)

Besondere Attraktionen für kleine Leute sind auf und nahe der Lübbener Schlossinsel der Wasserspielplatz mit Holzflößen sowie die Flussbadestelle Spree-Lagune (s. S. 48). Bei Lübben exisitiert auch ein Kletterwald (s. S. 51), und im Spreeweltenbad Lübbenau können Kleine und Große gemeinsam mit Pinguinen um die Wette tauchen (s. S. 73). Am Kur- und Sagenpark in Burg findet sich ein origineller Abenteuerspielplatz (s. S. 97). Nebenan regen in Stein gemeißelte mysthische Spreewälder Gestalten die Fantasie an. Geschicklichkeit lässt sich auf spielerische Art und Weise im Burger Barfußpark (s. S. 103) erproben. Ein großer Wasserspielplatz begeistert Kinder im Eliaspark am Cottbuser Fußballstadion. Schön toben lässt es sich auch auf dem Spielplatz im Spreeauenpark (ehemaliges BUGA-Gelände), die Eltern können sich währenddessen auf den Liegen auf der umgebenden Wiese entspannen (s. S 132).

Spreewälder Küche

Kartoffeln mit Leinöl und Quark war früher ein Armeleuteessen, heute darf es auf keiner Speisekarte fehlen und ist die vielleicht bekannteste typische Mahlzeit des Spreewalds. Andere typische Lebensmittel sind die heimischen Fische, Gurken in vielerlei Geschmacksvariationen und der Meerrettich. Die Leinsaat für die Ölmühlen kommt heute meist aus dem Ausland. Das beste und gesündeste Leinöl ist eine Rohkostware; das heißt, es wird bei der Herstellung – wie beispielweise in der Burger Ölmühle der Familie Ballaschk – nicht über 40 Grad erhitzt; dann ist es goldgelb und schmeckt leicht nussig. Die Spreewälder geben das Leinöl an verschiedene Salate und die Heringsmarinade, essen es als Stippe mit Weißbrot und Zucker oder Salz, und sie nutzen es als vorbeugende Magenstärkung vor einem ausgiebigen Trinkgelage.

Familienausflug auf dem Spreedeich zwischen Cottbus–Skadow und –Döbbrick

Rezepte

Kartoffeln mit Quark und Leinöl

500 g Magerquark, ein Viertel Becher saure Sahne, ein Schuss Milch, eine kleine Zwiebel (im Frühling auch frischen Bärlauch), eine Prise gutes Salz (Meer- oder Steinsalz) und etwas frisch gemahlenen Pfeffer gut verrühren und mit frisch gepresstem Leinöl übergießen. Dazu reicht man Kartoffeln, am besten Bioware, da man die man auch mit Pelle essen kann.

Gurkensalat

750 g Salatgurken schälen und würfeln, etwas Salz und Pfeffer dazugeben, ziehen lassen. Dann 100 g saure Sahne, nach Geschmack Petersilie, Dill, Schnittlauch und einen Schuss Leinöl unterrühren.

Hecht in Meerrettichsoße

Man gibt 1 kg Hechtfilet in den aufgekochten Sud von zwei Petersilienwurzeln, zwei Mohrrüben, zwei Zwiebeln, Salz, Pfeffer und zwei Lorbeerblättern und lässt das Ganze etwa eine halbe Stunde ziehen. Der Sud wird anschließend durchgeseiht. Für die Soße sechs Eigelb, 2 EL Zucker, 2 EL Öl, 350 g geriebenen Meerrettich, Zitronensaft und Salz verrühren, zusammen mit dem Sud aufkochen, Petersilie und Dill zugeben. Hecht mit Soße und Kartoffeln anrichten und mit Zitronenscheiben garnieren.

Spreewälder Meerrettichlende

800 g Rinderlende mit 2 EL Walnussöl, Salz und Pfeffer einreiben und in 70 g heißer Butter von allen Seiten kurz anbraten. Vier Zwiebeln schälen, in Scheibchen schneiden und mit einer feingehackten Knoblauchzehe ans Fleisch geben, kurz anbraten und mit 250 ml Fleischbrühe aufüllen. Im geschlossenen Topf etwa 80 Minuten garen.

Drei Äpfel klein schneiden und in etwas Butter andünsten. 1 EL Mehl mit 5 EL süßer Sahne verrühren, 1 EL Senf und 3 EL Meerrettich unterheben, zu den Äpfeln geben und unter Rühren etwa zwei Minuten schmoren. 3 EL Johannisbeergelee zugeben und verrühren, alles kurz aufkochen. Jetzt wird der Bratensud durch ein Sieb passiert, dazugegeben und mit Salz, Pfeffer und 1 EL Zitronensaft abgeschmeckt. Die Lende in Scheiben schneiden und mit Salzkartoffeln und der Soße auf warmen Tellern servieren.

Was macht den Spreewälder stark? Pellkartoffeln, Leinöl und Quark!

Spreewälder Gurkensuppe mit Walnüssen

Zwei Gurken hobeln, salzen und pfeffern, danach eine halbe Stunde kalt stellen. Das gesammelte Gurkenwasser abgießen, zwei Becher Buttermilch und 1 EL saure Sahne zugeben. Das ganze auf vier tiefe Teller verteilen. Schafskäse würfeln, zwei Knoblauchzehen pressen, Walnusskerne hacken. Alles zusammen in die Teller verteilen und mit Dill bestreuen.

Wendische Hochzeitssuppe

200 g feingewürfeltes Rindfleisch mit einer kleinen Zwiebel, einer Möhre, einer Selleriescheibe und zwei Eiweiß in einen Topf geben. Einen halben Liter Rinderkraftbrühe aufgießen und zum Kochen bringen. Mit Salz und Muskat würzen und passieren. Eine Möhre und eine Selleriescheibe würfeln, mit einigen Blumenkohlröschen in die Suppe geben und ziehen lassen, bis es gar ist. Zum Servieren Eierstich, 100 g Leberklößchen und Petersilie zugeben.

Spreewälder Kartoffelsalat

1,5 kg Kartoffeln kochen, abkühlen lassen und in Scheiben schneiden. Die restlichen Zutaten (5 Tomaten, 1 Salatgurke, zwei kleine saure Gurken und eine Zwiebel) würfeln, Petersilie kleinhacken und alles mit Öl, Essig, Zucker, Salz und Pfeffer abschmecken.

Spreewälder Buttermilchhefeplinse

In einem halben Becher lauwarmer Buttermilch 20 g Hefe unter Rühren auflösen. Hefeansatz in eine Schüssel geben. Zwei Eier trennen, das Eiweiß zu steifem Eischnee schlagen. Das Eigelb und 30 g Zucker sowie eine Prise Salz zum Hefeansatz in die Schüssel hinzufügen und gut durchrühren. 200 g Mehl vorsichtig unterrühren. Schließlich den Eischnee unterheben und den Teig zugedeckt an einen warmen Platz etwa eine Stunde gehen lassen. In einer Pfanne etwas Leinöl erhitzen, dann den Teig nach und nach in Leinöl goldgelb ausbacken. Die gebackenen Plinse im auf 50°C vorgewärmten Backofen warm halten und mit Zimtzucker, Apfelmus oder Brombeermarmelade servieren.

Spreewälder Grützwurst

Die Grützwurst ist seit der Mitte des 19. Jahrhunderts eine berühmte Spreewaldspezialität. Jeder Fleischer, jeder Haushalt hatte sein eigenes Rezept, das streng gehütet wurde.

Zutaten: Einen halben Schweinekopf, 1 kg Buchweizen- oder Gerstengrütze, 1 l Blut, Majoran, Thymian, Zwiebeln, Pfeffer und Salz.

Zubereitung: Schweinskopf kochen, bis sich das Fleisch gut vom Schädel lösen lässt. Die Grütze mit 2–3 l Fleischbrühe anrühren. Das Gefäß mit der Grütze in einen großen Topf mit kochendem Wasser stellen und 1 Stunde quellen lassen. Das fette Fleisch mit Zwiebeln durch einen Fleischwolf drehen, Schwarte und restliches Fleisch in Würfel stückeln. Nach dem Quellen der Grütze diese mit Blut, Fleisch, viel Majoran, wenig Thymian, Salz und Pfeffer verrühren. Das Ganze heiß in Gläser füllen und einwecken.

Alle Rezepte sind für vier Personen. Lektüretipp: ›Das Spreewald-Kochbuch‹ von Peter Franke & Peter Becker (Verlag Edition Limosa). Viele weitere leckere Spreewaldrezepte z.B. unter: www.spreewald-info.de (Untermenü Rezepte aus dem Spreewald).

Der Unterspreewald erstreckt sich von Alt Schadow im Norden bis Lübben im Süden. Zu ihm gehört auch eine liebliche Hügel- und Seenlandschaft um Krausnick, etwas abseits der Spree. Dieser Bergspreewald war bis in die 1940er Jahre ein beliebtes Ausflugsziel der Berliner, geriet dann in Vergessenheit, lohnt aber ebenso wie die bekannten Orte einen Besuch.

DER UNTERSPREEWALD

Alt Schadow (Stary Škódow) und Neuendorf am See

Alt Schadow am Neuendorfer See ist der nördlichste Ort im Biosphärenreservat Spreewald. König Friedrich II. sorgte für eine kurze wirtschaftliche Blüte: Nach dem Fund von Raseneisenstein ließ er die Kolonie Hüttenplatz unter der Regie pfälzischer Experten gründen und zwei Hochöfen errichten. Der Ort wurde während des Siebenjährigen Krieges verwüstet, damit war die metallurgische Epoche beendet. 1854 zerstörte ein Brand einen Großteil des Ortes, viele der danach wiederaufgebauten Häuser stehen noch heute.

In der Umgebung von Alt Schadow und Neuendorf am See (Nowa wjas pśi jazorn) finden Erholungssuchende vor allem eines – viel Natur und Wasser. Schon vor 100 Jahren entdeckten die Berliner diese Landschaft für sich. Campingfreunde können zwischen mehreren Plätzen wählen.

Alt Schadow und Neuendorf am See

Vorwahl: 035473; **PLZ**: 15913 (Alt Schadow), 15910 (Neuendorf am See).
Touristinformation, Vierlindenweg 1, Alt Schadow, Tel. 2400.

Neuendorf

Pension und Restaurant Spreekahn (€€), Spreestraße 7, Tel. 810700, www.spreekahn.de. Große DZ, z.T. mit Balkon und Spreeblick, Restaurant mit Terrasse; Mo–Fr 11–22, Sa/So ab 10 Uhr.

Spreewaldhäuschen (€), Dorfstr. 20, Tel. 604 (tagsüber), und 609 (abends), www.spreewaldhäuschen.de. Mit Seeblick.

Ferienhaus Spree (€€), Mühlenweg 6, Tel. 02204/82375, www.ferienhaus-spree.de. Am Seeufer, Platz für 4–6 Pers.

Alt Schadow

Pension und Landgasthaus Zum Birkenwäldchen (€€), Amalienhof 5, Tel. 25055, www.spreewald-amalienhof.de. Bier- und Wintergarten, Spreewaldküche. Fahrrad- und Bootsausleihe, Sauna.

Gasthaus Zum Seeblick, Neuendorfer Str., Tel. 619, www.zum-seeblick.de. Terrasse mit Seeblick, Spreewälder Fischspezialitäten; tgl. ab 10 Uhr.

Naturcamp am See (€), Neuendorf, Tel. 708, www.naturzeltplatz.de. Herrliche Lage im lichten Kiefernwald nahe am Wasser.

Campingplatz Halbinsel Raatsch (€), Alt Schadow, Tel. 600, www.halbinsel-raatsch.de. Ganzjährig.

Camping Nord (€), Alt Schadow, Tel. 621, www.spreewald-camping-nord.de. Apr.–Okt.

Fischerei Richter, Lindenstr. 29, Alt Schadow, Tel. 707, www.spreewaldfischerei.de. Frisch- und Räucherfischverkauf, Angelkartenerwerb und Bootsverleih, Fischer vermietet auch zwei Ferienhäuser (€€€): ein reetgedecktes auf einer Insel im Neuendorfer See sowie ein kanadisches Blockhaus; tgl. 9–12 u. 13–18 Uhr (Mai–Dez.)

Leibsch (Lebuš)

In Leibsch beginnt der Unterspreewald. Zwar zählen noch einige Orte um den nördlichen Neuendorfer See zum Biosphärenreservat Spreewald, doch gibt es dort kein Schwemmland mit Fließen und Kanälen, die Landschaft ist augenfällig anders als im ›eigentlichen‹ Spreewald. Das Sorbisch/Wendische konnte sich hier bis ins 18. Jahrhundert behaupten, angeblich sprach früher niemand Deutsch. Aus alten Tagen – der Ort wurde 1004 gegründet – hat sich nichts erhalten: Am Ende des Zweiten Weltkrieges, im Kampf um Berlin, geriet Leibsch in den Sog der Kessel-

▲ Karte: vordere Umschlagklappe

schlacht um Halbe und wurde fast völlig zerstört.
Im Jahr 1911 wurde der Bau des Dahme-Umflutkanals vollendet; hier konnte man fortan überschüssiges Spreewasser über den Köthener See in die Dahme ableiten und damit Hochwasserspitzen im Unterspreewald senken. Gleichzeitig entstanden eine massive Kanalbrücke sowie ein Nadel- und Tafelwehr. Es ist heute ein **technisches Denkmal** und eine Art kleines Freilichtmuseum wassertechnischer Anlagen, der Zutritt ist kostenfrei.
Im Jahr 1991 wurde eine moderne und gleichzeitig die größte **Wehr- und Schleusenanlage** des Spreewaldes eröffnet. Boote und Kähne überwinden hier einen Höhenunterschied von sechs Metern.

Stillleben in Leibsch

Leibsch (Lebuš)
Vorwahl: 035473; **PLZ**: 15910.

Ferienwohnung Feller (€), Leibscher Hauptstr. 10, Tel. 533. Auch Kahnfahrten.

Kahnfahrten Büttner, Hauptstr. 32, Tel. 2050, www.ewald-kahnfahrten.de. Auch Frühstücksfahrten mit Hausmacherwurst und Schinkenstullen, Kaffeefahrten mit hausgebackenem Kuchen und Mondscheinfahrten über den Köthener See.

Neu Lübbenau (Nowy Lubnjow)

Im Jahr 1729 hielt sich der preußische König Friedrich Wilhelm I. bei seinem Freund Moritz Karl Graf zu Lynar auf. In Lübbenau florierte der Gurkenanbau, die Stadt war aber sächsisch, und die Gewinne flossen daher an der preußischen Staatskasse vorbei. Der Preuße wollte das schleunigst ändern. Flugs machte er 30 Lübbenauer Gurkenbauerfamilien ein verlockendes Angebot: In der neuen Kolonie bekäme jeder ein Haus unter der Bedingung geschenkt, dass sie Gurken anbauten und diese ausschließlich in Berlin verkauften. Als Starthilfe stellte der Regent noch für jede Familie eine Kuh, ein Schwein, Fischerei- und Jagdrechte sowie 50 Goldtaler in Aussicht. Anfangs hieß die neue Siedlung ›Libbenauerei im Schadowschen Busch‹, ab 1751 dann zum Andenken an die alte Heimat ›Neu Lübbenau‹. Das Gurkenanbau-Experiment misslang gründlich – der Boden und das Mikroklima waren für das Gedeihen der krummen grünen ›Spreewälder Königin‹ nicht optimal. Einige Gurkenbauerfamilien zog es zurück nach Lübbenau, Neu Lübbenau aber besteht bis heute.
Verbindung zur Spree besteht über die Neulübbenauer Kahnfahrt. Neueren Datums ist die **Dorfkirche**, die 1939 geweiht wurde. Als Kuriosum besitzt der Chorraum ein Dach in Form eines – kieloben angebrachten – Bootes im Winterschlaf. Das ehemalige königliche **Jagdhaus**, zu DDR-Zeiten abgeschirmte Basis für Staatsjagden, ist heute Sitz des Hauptforstamtes.

Neu Lübbenau
Vorwahl: 035473; **PLZ**: 15910.

Ferienhof Erlensteg (€), Fam. Klinge, Hohenbrücker Str. 8, Tel. 491, www.ferienhof-erlensteg.de. Zwei Ferienhäuser, Garten, Organisation von Kahnfahrten.

Kahnfahrten, Hauptstr. 13, Tel. 809991, www.kahnschubser.de; Apr.-Okt.

Groß Wasserburg

Viele Touristen lassen sich allein vom Namen leiten, kommen nach Groß Wasserburg (Wódowy Grod), wo es längst keine Festung mehr gibt – und sind dann enttäuscht: Der Ort ist sehr überschaubar. Im 14. und 15. Jahrhundert gehörte das Dorf den Herren von Biberstein, die in einer Wasserburg lebten und von dort den Spreeübergang nach Leibsch kontrollierten. 1728 erwarb König Friedrich Wilhelm I. das Dorf und die benachbarten Wälder, um hier seiner Jagdleidenschaft nachzugehen. Nach dem Siebenjährigen Krieg förderte sein Sohn Friedrich II. die weitere Besiedelung des preußischen Teils vom Spreewald. Der Grenzgraben bei Groß Wasserburg kündet noch heute davon, dass hier einst die Landesgrenze zu Sachsen verlief. Heute wirkt der Flecken beinahe weltentrückt. Die Fließe südlich des Ortes sind allesamt für Motorboote gesperrt und erscheinen wie ein grüner Dschungel.

Badestelle zwischen Leibsch und Groß Wasserburg

Empfehlenswert ist die Einkehr in die **Gaststätte Müller Zum Unterspreewald** (Tel. 035473/555), vor allem bei schönem Wetter, denn der Garten unter alten Obstbäumen, nahe der Wasserburger Spree, ist sehr idyllisch. Geöffnet ist täglich ab 10 Uhr, gereicht wird einfache Spreewälder Hausmannskost.

Krausnick (Kšušwica)

Schon vor über 1000 Jahren kamen die ersten Siedler nach Krausnick, wie ein Gedenkstein, ein großer Findling, an der Hauptstraße bezeugt: ›Krausnik seit 1004 bekannt‹. Die Wenden nannten den Ort Kschoschwitza, was Birnendorf heißt. Der östliche Ortsteil, der Kietz, war eine alte wendische Fischersiedlung. König Friedrich II. ließ den westlichen Ortsteil Kolonie anlegen, der aber 1915 vollständig abbrannte. Der Ort war durch seine geschützte Lage begünstigt, weshalb der Regent auch den Weinbau und die Seidenraupenzucht einführen ließ.

Krausnick mag heute verschlafen wirken, bis in die 1940er Jahre war das Dorf am Bergspreewald aber eine der beliebtesten Sommerfrischen der Berliner. Die Ausflügler kamen mit dem Zug bis zur Station Brand, und hier warteten bereits die Pferdewagen eines Krausnicker Fuhrunternehmers. Viele Dörfler arbeiteten in der Reichshauptstadt und machten dort Werbung für ihre liebreizende Heimat – die Unternehmungslustigen folgten ihrem Ruf, auch weil Krausnick viel näher lag und kostengünstiger war als etwa Riesengebirge oder Ostsee, bei-

▲ Karte: vordere Umschlagklappe.

Die Kreuzkirche

des zu dieser Zeit sehr beliebte, aber deutlich weiter entfernte Urlaubsziele. Nach dem Zweiten Weltkrieg ging es mit dem Tourismus nicht mehr aufwärts. Die Rote Armee hatte den Flugplatz bei Brand besetzt und begann alsbald einen regen Flugbetrieb. Der nahe Wehlaberg war zwar nicht gesperrt, aber man unterließ auch jegliche öffentliche Erwähnung, denn von dort konnte der Flugplatz eingesehen werden. Jagdbessene DDR-Regierungsmitglieder erklärten die Wälder um den benachbarten Luchsee zum Staatsjagdgebiet und somit zur Tabuzone. Der Fluglärm hielt bis zur Wende an. Jetzt herrscht wieder idyllische Ruhe.

Sehenswürdigkeiten

In Krausnick heißen Straßen unter den Einheimischen ›Lücken‹. Zwei davon, Kirchhof- und Schullücke – offiziell heißen sie Kirchsteig und Schulstraße – führen zur **Kreuzkirche**. Das ist ein hübscher Fachwerkbau aus den Jahren 1726/27, der auf einer Anhöhe im Norden des Dorfes steht. Zwei Krausnicker Kirchen waren während des Dreißigjährigen Krieges abgebrannt. Augenfällig ist hier der Grundriss in Form eines griechischen Kreuzes, bei dem alle vier Flügel die gleichen Maße aufweisen. Der schöne Kanzelaltar kam erst 20 Jahre nach der Fertigstellung als Geschenk von August Wilhelm, Prinz von Preußen, ins Gotteshaus. Die dankbare Gemeinde verewigte das Andenken an den großzügigen Regenten mit einer vergoldeten Königskrone sowie dem Kürzel ›AW‹ am oberen Altar mit Strahlensonne, der Heiligen Dreifaltigkeit und zwei Trompetenengeln. Merkwürdigerweise steht der Kanzelaltar nicht wie üblich an der Ost-, sondern an der Nordseite. Das ist wahrscheinlich dem Umstand geschuldet, dass sich auf der Ostseite einst ein Eingang für die Kirchgänger aus Groß Wasserburg befand. Die hübschen goldenen Leuchter kamen am 24. Dezember 1892 als ein Weihnachtsgeschenk des Kirchengemeinderates in das Gotteshaus, 1920 sind sie für die elektrische Beleuchtung umgearbeitet worden. Eine Kirchenglocke ertönt erst seit dem Jahr 1822. Als die Rote Armee den Flugplatz Brand nutzte, sorgten sich die Soldaten sogar um die Kirche: Bevor die MIGs in den Himmel stiegen, kam ein Rotarmist, kletterte auf den Dachreiter und brachte dort eine rote Laterne an.

Am Köthener See

Wanderungen rund um Krausnick

Von Krausnick (Gedenkstein) lassen sich schöne Wanderungen in die Umgebung unternehmen. Auf Feld- und Wiesenwegen lässt sich Krausnick in gut 45 Minuten umrunden (rote Markierung). Wer den grünen Zeichen auf 4,5 Kilometern folgt, gelangt in den **Krausnicker Bergspreewald** mit dem höchsten ›Gipfel‹, dem Wehlaberg (144 m). Vom Aussichtsturm erkennt man bei idealer Sicht sogar die Konturen der Berliner Gropiusstadt. Zu den **Heideseen** – Schwanen-, Mittel-, Picher-, Märchen- und Großer Wehringsee – sind sechs Kilometer zu wandern, ans Ufer des **Köthener Sees** neun Kilometer.

Eine markierter Rundgang ›Zur Pechhütte und rund um den Luchsee‹ führt ins ehemalige Staatsjagdgebiet. Das **Kesselmoorgebiet** zählt zu den größten und schönsten des mecklenburgisch-brandenburgischen Jungmoränenwalls, der vor etwa 15 000 Jahren von den Eismassen aufgeschoben wurde. Dauer: 60–100 Minuten.

Der berühmte Kirchenlieddichter Paul Gerhardt, des öfteren zwischen Berlin und Lübben zu Fuß unterwegs, schrieb von einst »abschreckenden und einsamen Wegen«, zugleich dichtete er vielleicht in den Krausnicker Bergen die Liedzeilen zu ›Befiehl dem Herrn Deine Wege...‹.

Nördlich des Krausnicker Landhotels liegt der **Richtegrund**. Nach alten Erzählungen sollen hier die im Krausnicker Amt Verurteilten vom Leben zum Tode befördert worden sein. Dokumentiert ist allerdings nur eine einzige Hinrichtung: Am 16. Oktober 1752 köpfte man hier die Kindsmörderin Marie Elisabeth Radochlai.

Krausnick

Vorwahl: 035472; **PLZ**: 15910.

Landhotel Krausnick (€€), Alte Wasserburger Str. 12, Krausnick, Tel. 610, www.landhotel-krausnick.de. Viele DZ, aber nur eine Suite mit Badewanne und Balkon. Zu den Kahnfährhäfen in Schlepzig und Groß Wasserburg nur 5 Min. mit dem Auto. Ideal auch als Ausgangsort für Wanderungen in die Krausnicker Berge.

Kirchenbesichtigung, Anmeldung bei Hans-Jürgen Stolt, Schulstr. 1, Tel. 285.

Schlepzig (Slopišća)

Schlepzig wurde urkundlich bereits im Jahr 1004 erwähnt. Die niedersorbische Ortsbezeichnung Slopišća (słop) bedeutet Pfahl und weist auf den lehmigen Untergrund des Dorfes hin.

Im Dorf gibt es einige schöne **Fachwerkhäuser** zu entdecken, daneben künden noch einige Bauwerke von bewegter Vergangenheit. Schlepzig ist zudem hübsch gelegen, und 1999 wurde es als schönstes Dorf Brandenburgs ausgezeichnet.

Bis ins 17. Jahrhundert befand sich am jetzigen Standort der Hauptmühle ein Eisenhammer, daneben sieht man die noch erhaltene **Öl- und Schneidemühle** aus dem Jahr 1740. Linkerhand der Schleuse befindet sich die **Dauerausstellung** des Biosphärenreservates Spreewald mit Unterwasser-Welt-Feeling: Ein Spreewaldkahn hängt an der Decke, Schwimmblattpflanzen, Entenbeinchen, einen Hecht und anderes Getier sieht man nur von unten. In Süßwasseraquarien leben typische Fische des Spreewaldes, und ein Wasserfloh ist als Modell in 150-facher Vergrößerung zu sehen.

Rechterhand steht über der Tür am Fachwerkgebäude »Glück zu« – der Müllergruß und Eingang zum Mühlenmuse-

▲ Karte: vordere Umschlagklappe

Göttlicher Wolkenhimmel in der Schlepziger Kirche

um und -laden und kleiner Gurkenbar. ›Untermühlenführer‹ Otto hat frisches Mühlenbrot mit eingebackenem Leinkuchen sowie viele Spreewaldkonserven im Angebot. Beide um 1740 gegründet, waren das Sägewerk bis 1925, die **Getreidemühle** sogar bis 1970 in Betrieb. Auf der uralten Getreidewaage standen über die Jahrhunderte wohl etliche Tonnen; der Evolator hingegen ist eine Reinigungsmaschine, die das Getreide auch von Unkraut befreite. Der herkömmliche Mühlenstein aus Quarz war bis 1945 im Einsatz, bis ihn leistungsfähigere Walzstühlen mit feiner, mittlerer und grober Mahlstufe ablösten.

Neben der Mühle lädt der Gasthof ›Zum Grünen Strand der Spree‹ mit Restaurant und Minibrauerei ein, vom Kahnhafen dahinter starten Touren auf dem Wasser in den naturbelassenen Unterspreewald, so nach Leibsch, Groß Wasserburg oder zum Gasthaus Petkampsberg. Gemütlich geht es im benachbarten Gasthaus mit Spreeterrasse ›Zur Reuse‹ zu. Der Gasthof ›Zum Unterspreewald‹ gilt als älteste Herberge weit und breit, seit über 300 Jahren und aktuell in 7. Generation bewirtschaftet.

Am 10. Oktober 1769 löste eine Bäuerin eine Katastrophe aus, als sie glühende Holzscheite aus dem Backofen unachtsam über den Hof ins Haus trug. Etwas Glut genügte, um den am Haus lagernden Flachs zu entzünden, schließlich brannte fast das gesamte Dorf ab, auch die Kirche. Oft drohte noch eine andere Gefahr: Hochwasser. Deswegen steht auch das barocke Fachwerkirchlein auf einem Sandhügel etwas außerhalb der historischen Dorfmitte. Die **Kirche** wurde 1782 geweiht und hat sich seither wenig verändert. Nur das Altarbild mit Abendmahl konnte aus der alten Kirche gerettet werden. Das Deckengemälde zeigt den hellblauen Himmel mit dicken blauen Wolken, die Sonne stellt das Auge Gottes dar, das rote Dreieck symbolisiert die Heilige Dreifaltigkeit. Die Orgel wurde 1812 erbaut. Der Messing-Deckenleuchter in Form eines Wagenrades wurde erst 1932 als Geschenk einer Schlepziger Familie zum 150. Kirchenjubiläum angebracht. Die Kirche steht Besuchern stets offen. Eine Kostprobe der Orgel (von einer CD) erklingt, wenn der

›Gute Stube‹ im Bauernmuseum

Am ›Grünen Strand der Spree‹

Knopf links neben dem Kircheneingang betätigt wird.

Bereits zu DDR-Zeiten wurde das heutige **Bauernmuseum** an der Dorfstraße eröffnet, damals hieß es noch Agrarhistorisches Museum. Seinen Ursprung hat es im spreewaldtypischen Gehöft des Bauern Richter, der es 1818 errichten ließ. Preußenkönig Friedrich Wilhelm III. hatte ihm zuvor 100 Hektar Land als Lehen überlassen und ernannte ihn gleichzeitig zum Dorfschulzen. Neben original eingerichtetem Wohnhaus und Scheune finden sich hier auch eine Landmaschinenausstellung sowie Kuhstall, Plumpsklo und ein Lehmbackofen. Dieser wurde nicht wie üblich gemauert, sondern etwa 30 Zentimeter dick aus Lehm um einen Sandhaufen geformt, der nach dem Trockenen wieder entfernt wurde. In der Saison oder nach Vorbestellung wird er des öfteren in Betrieb genommen. Auf den Tisch gelangt dann leckerer Hefekuchen. In der Mitte des Hofes steht eine alte Linde mit ungewöhnlich dichter Krone, die Bänke und Tische beschattet – ein herrliches Ruheplätzchen. Das Museumsgehöft ist auch Sitz der Touristinformation.

i Schlepzig

Vorwahl: 035472; **PLZ**: 15910. www.schlepzig.de.

Touristinformation, Dorfstr. 26 (im Bauernmuseum), Tel. 64025.

Infozentrum Biosphärenreservat Unterspreewald mit Ausstellung Unterwasserwelt, Dorfstr. 52 (in der Alten Mühle), Tel. 64898. Apr.–Okt. Di–So 10–17 Uhr, Eintritt frei.

Landgasthof Zum Grünen Strand der Spree (€€–€€€), Dorfstr. 53/56, Tel. 6620, www.spreewaldbrauerei.de. 26 Zimmer und Suiten in ruhiger Lage, ab und an brummen die Kühlaggregate oder quaken die Frösche. Gutbürgerliches Restaurant, feiner heller Sandstrand mit Liegestühlen, großer Weidendom, ab hier Kahnfahrten; tgl. 11.30–23 Uhr.

Spreewälder Privatbrauerei, neben dem Landgasthof. Sehenswertes Brauhaus mit 200 Sitzplätzen, idyllischer Biergarten unter Bäumen. Ausschank des naturtrüben, unfiltrierten Zwickelbieres. Verkauf von Treberbrot und Blechkuchen. Tipp: Räucheraalsuppe mit Saiblingsfilet und Flusskrebsschwänzen.

Hotel Haus Müggenburg (€€), Grüne Wiese 11, Tel. 6600. Am westlichen Dorfrand in Alleinlage im Biosphärenreservat. Kahnfahrten.

Pension Spreewald-Landhaus (€€), Dorfstr. 19a, Tel. 0174/2131450, www.spreewald-landhaus.de. Suite, Apartments und Komfortzimmer.

Am Spreewaldfließ (€€), Dorfstr. 70, Tel. 654243, www.am-spreewaldfliess.de. Ferienapartments. Eigener Anlegesteg, Paddelboot- und Fahrradverleih.

Gasthof Unterspreewald, Dorfstr. 41, Tel. 279, www.spreewaldkuenzel.de. Mo/Di ab 17.30, Mi–So 11.30–22 Uhr. Zwischen Mühle und Bauernmuseum, gelobte Küche, Räucheranlage für Fisch und

▶ Karte: vordere Umschlagklappe

hausgeschlachtetes Fleisch. Schlacht- und Grillfeste, großer Saal und Jagdzimmer.
Zur Reuse, Dammstr. 1, Tel. 282, www.restaurant-schlepzig.de. Sommerterrasse am Spreeufer gegenüber der Alten Mühle; tgl. ab 11.30 Uhr.
Brennereihof Spreewaldini, Dorfstr. 56, Tel. 659142, www.spreewaldbrennerei.de. Obstbrände, Rum, Whisky und Bonbonmanufaktur. Viele Eissorten wie Dunkelbier-, Pilsner- und Rumeis; tgl. 10–18 Uhr.

Café an der Spree, Dammstr. 12 (am Radweg nach Lübben), Tel. 65757. Spreewälder Boulette, deftige Suppen und Folienkartoffeln. Mit gemütlich-origineller Sitzecke im Cafégarten an der Spree; Apr.–Okt. tgl. 11–18 Uhr.

Bauernmuseum, Dorfstr. 26; Di–So 10–16 Uhr (Apr.–Okt.), Di–Fr 10–16 Uhr (Nov.–März), Anmeldung für das Backen im Lehmbackofen: Tel. 225, www.bauernmuseum-schlepzig.de.
Historische Getreidemühle, Dorfstr. 52, Tel. 0152/09392785; Apr.–Okt. tgl. 10–17 Uhr.

Maifest im Bauernmusem (letzter Sa).
Dorffest (Anfang Aug.).

Kahnfährmann Böttcher, Bergstr. 27, Tel. 64064, www.kahnfahrtenimspreewald.de. Abfahrten am Weidendom.
Kahnfährmann Draßdo, Dammstr. 1, Tel. 0175/5907676, www.kahnfahrt-schlepzig.de.
Bootsverleih Gromsch, Dammstr. 1, Tel. 0173/5771494, www.paddeln-spreewald.de.

Lübben/Spreewald (Lubin)

Lübben ist heute ein bedeutendes Touristenzentrum, von dem aus die Gäste zur Entdeckung des Spreewaldes starten, und zugleich das Verwaltungszentrum des Landkreises Dahme-Spreewald. Leider ist der Straßenverkehr im Stadtzentrum beträchtlich und oft störend: Mehrere Bundesstraßen treffen hier aufeinander, die Fahrzeuge quälen sich oft im Schritttempo durch Lübben.

Geschichte

Erste Erwähnung fand eine Burg Lübben um 1150 als ›urbs Lubin‹. Für Lübben ist keine slawische Vorgängersiedlung nachweisbar, es war mit Sicherheit eine rein deutsche Stadtgründung. Mitte des 13. Jahrhunderts wurde das Magdeburger Stadtrecht verliehen. Eine slawische Siedlung befand sich im heutigen Stadtteil Steinkirchen, südlich der heutigen Altstadt Lübbens. Die deutschen Eroberer des 10. Jahrhunderts nutzten den slawischen Ringwall zunächst weiter. Wann die Verlegung in das heutige Lübben erfolgte, ist unklar, sie wurde aber spätestens im 14. Jahrhundert vollzogen. Aus der Burgmannensiedlung hat sich dann wohl die Stadt entwickelt. Die älteste Urkunde datiert aus dem Jahr 1208, in der ein Burggraf Johann von Lübben erwähnt wird. Die Lage der Stadt am Landweg durch den Spreewald machte sie für viele Herrscher begehrlich, so auch für die deutschen Eroberer, die zwischen Lübben und Steinkirchen – heute ein Ortsteil von Lübben – eine Burg erbauten. Der Ort war im Mittelalter Spielball dynastischer Willkür, und so wechselten die Besitzer häufig. Ab 1562 residierte der Landvogt im Neuen Schloss. Der Dreißigjährige Krieg hinterließ Zerstörungen im Stadtgebiet. Herzog Christian I. von Sachsen-Merseburg erwarb sich nach Kriegsende große Verdienste in der weiteren Stadtentwicklung, er gründete die Neustadt, und Lübben wurde zur Hauptstadt des

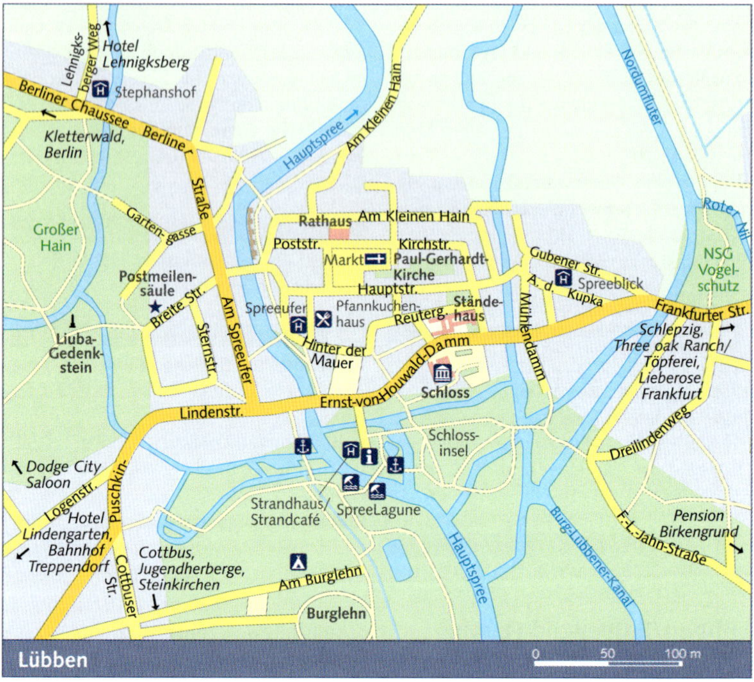

sächsischen Markgraftums Niederlausitz. Nach dem Wiener Kongress fiel Lübben an Preußen und versank lange Zeit in der Bedeutungslosigkeit. Im Frühjahr 1945 erklärten fanatische Nazis die Stadt zur ›Festung‹, und so wurde sie bei der Eroberung durch die Rote Armee zu 80 Prozent zerstört. Diese Verluste sieht man dem Stadtbild heute noch an.

Sehenswürdigkeiten

Im ansonsten recht nüchternen und lauten Städtchen gibt es einen geradezu mysthischen Ort, den **Großen Hain**. Alte Ahorne, Erlen, Eschen, Ulmen und über 200 Eichen, dichtes Strauchwerk sowie umgestürzte Riesen zaubern hier eine geheimnisvolle Atmosphäre, der stattliche Restauwald gleicht einem Urwald. Im Frühling rollt die Anemonenblüte einen weißen Teppich aus. Der Rest des einstigen Spreewaldes in Stadtnähe ist genau der richtige Ort für Sagen und Mythen: Die Slawen verehrten unter dem grünen Dach die wendische Göttin der Liebe, Ehe und Fruchtbarkeit – Liuba. Niemand weiß, wie die heidnische Venus aussah, ein Kupferstich und das hölzerne Abbild blieben spurlos verschwunden. An den Liuba-Kult vergangener Zeiten erinnert der gleichnamige Gedenkstein am Hauptweg. Bahnreisende schreiten auf dem Weg zum Stadtzentrum mitten durch den Großen Hain, denn der Bahnhof liegt abseits vom Zentrum.

Über den ehemaligen Stadtgraben (Spreearm) gelangt man in die Neustadt und deren Haupteinkaufsmeilen, Breite Straße und Hauptstraße. In der Breiten Straße steht die **Postmeilensäule**, eine Kopie des Originals von 1736. Über Brückenplatz und Spreebrücke erreicht man vom Park aus die Reste der alten **Stadtmauer**, die Ende des 15. Jahrhunderts aus Raseneisenstein und Backsteinen erbaut wurde, und gelangt weiter zum Markt.

Hier steht das Lübbener Wahrzeichen, die spätgotische **Paul-Gerhardt-Kirche** mit ihrem auffälligen, 43 Meter hohen Turm. Er eröffnet einen umfassenden Rundblick über die Stadt und die Spreewaldlandschaft. Die erste und bislang einzige Türmerin des Landes Brandenburg führt ihre Gäste hier herauf.

Altar, Kanzel, Taufbecken und Triumphkreuz der Kirche stammen aus dem 16. bis 17. Jahrhundert, das heutige Hauptportal ist eine neuzeitliche Zutat aus Ilse-Klinkern mit figuralen Schmuckelementen. Ende der 1920er Jahre wurde der alte Ostzugang geschlossen, seitdem betritt man die Kirche durch das Turmerdgeschoss; erst zu jener Zeit wurde das Gotteshaus auch in Paul-Gerhardt-Kirche umbenannt. Hier liest man auf einer Tafel das Testament des Kirchenlieddichters. Seine letzten Worte waren: »... Summa, bete fleißig, studiere was Ehrliches, lebe friedlich, diene redlich, und bleibe in Deinem Glauben und Bekenntnis beständig, so wirst Du einmal auch sterben und von dieser Welt scheiden, willig, fröhlich und selig. Amen.«

Von 1669 bis zu seinem Tod 1676 wirkte Paul Gerhardt hier als evangelischer Diakon. 139 Liedverse und Gedichte sowie 15 lateinische Gedichte stammen aus seiner Feder. Fast 30 Kirchenlieder übersetzte man auch ins Sorbische. Viele werden von Gläubigen nach wie vor geliebt. Die genaue Grabstätte Gerhardts im Chorraum ist unbekannt, eine Tafel informiert: ›Pfarrer in Mittenwalde, Berlin und Lübben, er wurde am 7. Juni 1676 im Chorraum beigesetzt‹. Auch sein Dienstherr von Hutten liegt hier begraben – man sieht sein reichgeschmücktes Epitaph links vor dem Altar an der Chorwand. Gegenüber der Kanzel ist das einzige Gemälde zu sehen, bei dem Gerhardt wahrhaftig Porträt saß. Es zeigt ihn in seinem Sterbejahr 1676, gemalt von einem unbekannten Meister. Vor der Kirche erinnert ein großes bronzenes **Standbild** an den berühmten Lieddichter; es wurde 1907 in Lauchhammer gegossen.

Im Lübbener Zentrum, genau auf der Spreebrücke der Bundesstraße am Ernst-von-Houwald-Damm, steht der Besucher auf der einen Seite im Oberspreewald, auf der anderen Seite im Unterspreewald. Über die Spree, vorbei am Bootshafen und Richtung Campingplatz und Freibad, gelangt man zum **Burglehn**, ein slawischer Ringwall aus dem 9. Jahrhundert, heute eine bewaldete Anhöhe.

Durch Haupt- und Gerichtsstraße führt die Besichtigungsroute weiter zum dreiflügeligen, 1717 fertiggestellten **Ständehaus**, bekannt aus Gotthold Ephraims Lessings ›Minna von Barnhelm‹. Der

Die alte Postmeilensäule

Wahrzeichen Lübbens: die Paul-Gerhardt-Kirche

König ließ Brandschatzungsgelder eintreiben, so auch in Lübben, und drohte bei Nichtzahlung mit dem Einäschern des damaligen Landhauses. Das Geld konnte nicht aufgebracht werden. Der vom König gesandte Geldeintreiber Major Marschall von Biberstein stellte daraufhin ungewöhnlicherweise einen Wechsel über 20 000 Taler aus eigenem Vermögen aus, und die Stände erhielten eine Quittung über diese Summe. Damit war das repräsentative Gebäude gerettet. Lessing bekam über seinen Berliner Verleger Voß Wind von der Geschichte und macht sie zu einer Szene der ›Minna von Barnhelm‹. Im Lustspiel sagt der dem Offizier Biberstein nachempfundene Major Tellheim zum Fräulein Minna: »... daß ich Order hatte, in den Ämtern ihrer Gegend die Kontribution mit der äußersten Strenge bar einzutreiben. Ich wollte mir diese Strenge ersparen und schoss die fehlende Summe selbst vor... Die Stände gaben mir ihren Wechsel...« Letztendlich ist die Branddrohung nicht nachweisbar. Die Lübbener Verhältnisse waren aber sicherlich eine Inspirationsquelle unter vielen für Lessing. Verbürgt ist, dass die Landstände 20 000 Taler zahlen mussten.

▲ Karte S. 44

Schloss

Eine weitere Attraktion des Ortes ist das Schloss. Große Summen sind in den vergangenen Jahren für die Renovierung des Baus investiert worden, an dem der Zahn der Zeit bedrohlich genagt hatte. An dieser Stelle wurde spätestens im 14. Jahrhundert eine Wasserburg errichtet, 1561 dann ein Schloss. Im Dreißigjährigen Krieg erheblich beschädigt, wurde es um 1686 im Auftrag von Herzog Christian I. von Sachsen-Merseburg im Stil der Spätrenaissance erneuert und erweitert. Aus jener Zeit blieben das herrliche Sandsteinportal mit sächsischem Wappen sowie der reich geschmückte Renaissancegiebel erhalten. Der Wohn- und Wehrturm mit bis zu zwei Meter starken Wänden stammt aus dem 14. Jahrhundert und war einst Wohnung für die Burggrafen, im 17./18. Jahrhundert auch noch für die Herzöge von Sachsen-Merseburg. Ob das spätestens um 1500 begonnene heutige Schlossgebäude eher Wohn- oder Amtsgebäude war, ist unklar.

In der ersten und zweiten Etage des Schlosses findet man das **Stadt- und Regionalmuseum**. Das bekannteste Exponat ist ein ›Bidenhänder‹, ein mächtiges Schwert aus dem 17. Jahrhundert, das sich seit langer Zeit im Inventar der Sammlungen befindet. Historische Aufzeichnungen benennen es auch als ein ›Richtschwert‹.

Die heutige Lübbener Hauptstraße folgt, wie Ausgrabungen bestätigt haben, exakt dem Verlauf der spätmittelalterlichen

Straße. Ein Stückchen dieser alten ›Holzstraße‹ ist im Museum zu bestaunen. Von Magdeburg, Leipzig und Dresden gelangte man über Lübben nach Frankfurt (Oder), Guben und weiter nach Polen. Hier in Lübben, wo die Ränder des Spreetales eng beieinanderliegen, konnte man den Fluss leichter passieren als anderswo. Sparmaßnahmen und Baupfusch sind keine Erfindung unserer Zeit: Bereits damals verlegte man Bohlen und Rundhölzer unterschiedlicher Qualität. Wertvolles und langlebiges Eichenholz fand selten Verwendung, hauptsächlich wurde Birke, Erle und Kiefer verbaut. Teils waren die Hölzer dicht, teils locker verlegt, manchmal war es auch nur Geäst. Mit bis zu acht Metern Breite erreichte die ›Holzstraße‹ Knüppeldamm Ausmaße, die denen der heutigen Bundesstraße nicht nachstehen, selbst die Seitenstraße maß etwa 5,5 Meter Breite.

Interessant ist auch die Lübbener Badestube. Dort gab man sich nicht nur der Körpferpflege hin, sondern ließ sich auch so manches Wehwehchen mit Aderlass, Schröpfen und durch Ansetzen von Blutegeln vertreiben. Als man sich in der Badestube später auch eines ausschweifenden Liebeslebens erfreute, wurde sie geschlossen.

Kurios verlief das Wiederauffinden des Lübbener Münzschatzes. Zusammen mit Bauschutt ist dieser wahrscheinlich in ein Wäldchen zwischen Lübben und Biebersdorf geraten. Im Sommer 1984 sammelte eine Familie hier Blaubeeren. Der Junge hatte schnell die Lust verloren und verkündete: »Ich suche einen Schatz!« Und tatsächlich blinkte bald der erste Silbergroschen im Waldboden. Archäologen fanden hier insgesamt 143 Prager Groschen aus dem 14. Jahrhundert, im Mittelalter die härteste Währung der Welt. 14 dieser Geldstücke sind in der Glasvitrine ausgestellt.

Paul Gerhardt gilt neben dem Reformator Martin Luther als der bedeutendste deutsche Kirchenlieddichter. Ein 20-minütiges Video macht die Umstände klar, die den damals 62-Jährigen veranlassten, den Dienst in Lübben anzunehmen: »Der Herr schickt mich nach Lübben!« In erster Linie war aber der Kurfürst Friedrich Wilhelm die Ursache: Er schränkte die Arbeit Gerhardts in der Berliner Nikolaikirche ein. Nach dem Dreißigjährigen Krieg stand der lutherische Glaube zur Disposition, aber Gerhardt wähnte sich im Besitz des einzig wahren Glaubens. Seine Berliner Kirchengemeinde liebte ihren Prediger für seine Beständigkeit. Nachdem er wegen seiner kompromisslosen Haltung arbeitslos geworden war, kam ihm das Angebot aus Lübben gerade recht. Im zweiten Obergeschoss sind einige wendische Trachte aus Lübben und Umgebung zu sehen, darunter einige sehr aufwendig bestickte Hauben. Den Wappensaal schmücken Wandgemälde und 115 Wappen der Niederlausitzer Städte und Standesherrschaften.

Die neue Flussbadestelle SpreeLagune

Einst huldigten an Ort und Stelle die Ständevertreter ihrem jeweiligen Herrn. Eindrucksvoll wirkt das riesige Ölgemälde, das das Treuegelöbnis der Lübbener gegenüber Kurfürst Friedrich II. ›Eisenzahn‹ im Jahr 1448 festhält. Im Erdgeschoss sitzt es sich angenehm im **Schlossrestaurant**, bei warmen Temperaturen auch auf der Terrasse mit Blick auf die Schlossinsel.

Traurige Ereignisse ließen die **Schlossinsel** wachsen: Nach dem Zweiten Weltkrieg entstanden hier Trümmerberge mit dem Schutt der weitgehend zerstörten Altstadt. Jetzt aber vergnügt man sich hier in einem kleinen Park mit Klang- und Sinnesgarten, die Kleinen toben auf dem wunderbaren Wasserspielplatz, und alle zusammen planschen an der neuen **Flussbadestelle SpreeLagune** zwischen Schlossinsel und Burglehn. Vom Gebäude der Touristinformation am Hafen 4 und dem nahen Strandhotel führt eine Brücke über die Spree zum neuen Badeparadies gleichzeitig Zubringer zum Radweg nach Lübbenau.

Alljährlich Anfang Juni eröffnet die ›aquamediale‹, eine internationale Ausstellung für Kunst im öffentlichen Raum. In und an den Fließen sind etwa zehn multimediale, auch interaktive Installationen zu bestaunen, die die Sinne anregen sollen.

Eine Rast bei Petkampsberg

▲ Karte S. 44

Sankt-Pankratius-Kirche

Im südlichen Stadtteil Steinkirchen befindet sich eine der ältesten Kirchen der Lausitz. Die evangelische **Sankt-Pankratius-Kirche** stammt aus der Frühzeit der Christianisierung und wurde Anfang des 13. Jahrhunderts von Zisterziensermönchen als Wehrkirche erbaut. Der Sakralbau trägt den Namen des im Jahr 304 verstorbenen Märtyrers Pankratius. Nahe dem Gotteshaus befindet sich das Grab des Dichters Ernst von Houwald.

Eine Radwanderung durch den Unterspreewald

Zwischen Lübben und Leibsch ist der Massentourismus noch nicht verbreitet, in den kleinen Dörfern nahe der Spree geht es noch immer beschaulich zu. Diese mittelschwere Rundtour mit zum Teil holprigen Pfaden auf Hochwasserschutzdeichen führt durch diese Beschaulichkeit und eignet sich für Radler, die gern mal abseits von makellosen Asphaltwegen und mit der Natur allein sein wollen.

Die Tour beginnt in Lübben am Bahnhof. Nach der Überquerung der Bahnhofstraße folgen wir der roten Wegmarkierung und biegen an der Friedensstraße links ab. Am sowjetischen Ehrenmal halten wir uns rechts und gelangen in den Großen Hain. Am Liuba-Stein geht es nach links Richtung Schlepzig; ab jetzt ist die Strecke blau markiert. Nahe dem Paul-Gerhardt-Gymnasium überqueren wir die Hauptstraße und fahren den Lehnigksberger Weg entlang durch eine Kleingartenanlage. Über eine ehemalige Brücke der Spreewaldbahn radeln wir über zwei Spreearme und biegen am Hochwasserschutzdeich links ab. Bald darauf führt der Weg am Ufer mehrerer Fischteiche mit Sitzbänken entlang. Außer Schwänen tummeln sich hier auch viele Entenarten. Am Wegweiser nahe dem Gasthaus Petkampsberg (tgl. 10–19 Uhr, auch einfache Übernachtung, Tel. 035472/247) halten wir uns geradeaus und fahren am Ufer des Großen Inselteiches entlang. Zwei Kilometer vor Schlepzig trifft der Sandweg auf die Asphaltstraße, wir biegen nach links ab. Am Ortseingangsschild biegen wir links ab, vor der historischen Mühle rechts. An der nächsten Straßengabelung geht es nach links – ab hier ist der Weg grün markiert –, Richtung Leibsch. Nahe der Gabelung steht eine hübsche Fachwerkkirche, ein Stück dahinter verbirgt sich das Bauernmuseum in einem Spreewaldgehöft.

An der Stelle, wo die Hauptstraße einen Bogen nach links schlägt, halten wir uns geradeaus, die Kuschkower Straße entlang. Wir fahren durch die Agrargenossenschaft Unterspreewald hindurch und behalten an der Ausfahrt die Richtung bei. An der nächsten Gabelung halten wir uns links, an der Hauptstraße rechts. Am Ortseingangsschild Neu Lübbenau wechseln wir nach links auf den Wiesenweg, der gleich darauf weiter auf dem Hochwasserschutzdeich nach rechts führt. Dieser Abzweig ist nicht markiert! Auf dem grasigen Pfad geht es nur langsam voran. An der Bootsschleuse befindet sich eine Badestelle mit kleinem Sandstrand.

Wir fahren über die Schleuse weiter auf dem Deich bis zur Hauptstraße, biegen hier links ab und erreichen Leibsch. An der Gaststätte ›Spreeblick‹ biegen wir links auf den Weg ›Am Transformator‹ ab, an der Hauptstraße wiederum nach links Richtung Groß Wasserburg. Gegenüber vom Kahnfährhafen in Groß Wasserburg führen hinter der Brücke einige Stufen zum blau markierten Pfad

Bruchwald an der Försterei Meierei bei Krausnick

auf dem Hochwasserschutzdeich, weiter Richtung Schlepzig. Die Fahrt auf dem Deich ermöglicht den Blick in einen intakten Auwald mit knorrigen Erlen. An der Straße halten wir uns rechts, durchqueren Krausnick und folgen hier dem ausgewiesenen Gurkenradweg, am Wegweiser ›Försterei Meierei‹, nach links (14 km bis Lübben).

Der tadellose Asphalt führt nah vorbei am Naturschutzgebiet an der Försterei, einem intakten Bruchwald und durch Kiefernwald nach Groß-Lubolz. Hier blieben mehrere Fachwerkhäuschen und mitten auf dem Anger eine kleine Fachwerkkirche (1692–1694) erhalten. Die Straße muss einen Schlenker machen. Vor dem Gasthaus ›Zur gemütlichen Ecke‹ biegen wir links ab und radeln nun immer die Lubolzer Dorfstraße entlang. In Lübben überqueren wir die Hauptstraße, biegen in die Schillerstraße ab, halten uns geradeaus, fahren dann die Parkstraße entlang und beenden die Runde am Bahnhof in Lübben, unserem Ausgangspunkt.

Route: Bahnhof Lübben–Schlepzig–Neu Lübbenau–Leibsch–Groß Wasserburg–Krausnick–Lubolz–Bahnhof Lübben.

Länge: 50 Kilometer (ca. fünf Stunden).

Sommerterrasse des Strandcafés in Lübben

Lübben

Vorwahl: 03546; **PLZ**: 15907. www.spreewaldstadt-luebben.de.

Spreewaldinformation, Ernst-von-Houwald-Damm 15, Tel. 3090 und 2433. Die Türmerin Vera Städter, Tel. 180813, ist die einzige ihrer Zunft im Land Brandenburg. Turmführung Apr.–Okt. Mi u. Sa 11 Uhr, Juli–Sept. auch Mo u. Fr 17 Uhr. Der Lübbener Nachtwächter Frank Selbitz ist einziges Mitglied des Landes Brandenburg in der europäischen Nachtwächter- und Türmerzunft, Tel. 3941, www.spreewaldnachtwaechter.de. Er lädt seine Gäste im Laternenlicht zu nächtlichen Stadtführungen ein: Apr.–Okt. Mo, Mi u. Fr 21.30 Uhr.

Im Stundentakt nach Berlin und über Cottbus und Guben nach Frankfurt (Oder) sowie über Spremberg und Görlitz nach Zittau.

Bus 506 nach Schlepzig und Krausnick.

Strandhaus (€€€), Ernst-von-Houwald-Damm 16, Tel. 7364, www.strandcafe-luebben.de. Das neue Vier-Sterne-Haus in interessanter Bauweise gehört zu den schönsten Herbergen im Spreewald. Großzügige Zimmer und Suiten (mit eigener Sauna), zentrale Lage, hoteleigene Liegewiese an der Spree.

Spreewaldhotel Stephanshof (€€–€€€), Lehnigksberger Weg 1, Tel. 27210, www.hotel-stephanshof.de; mit Restaurant ›Eisvogel‹ mit Terrasse am Fließ (Tipp: Sorbisches Bierfleisch), eigene Fähranlegestelle, Paddelboot-, Fahrrad und E-Bike-Verleih. Bei gutem Wetter und Nachfrage tgl. ab 10.30 Uhr zweistündige Stadtrundfahrt im Kahn. Nahe der B 115 und am Gurkenradweg nach Schlepzig.

Gasthaus Lehnigksberg (€€), Lehnigksberg 1, Tel. 229303, www.lehnigksberg.de. Herrlich ruhige Lage, am Gurkenradweg nach Schlepzig. Zimmer teilweise mit Balkongalerie, aus den Fenstern

▶ Karte S. 44

Blick ins Grüne, eigener kleiner Kahnfährhafen. Wellnessbehandlungen. Restaurant mit Spreewaldküche. Apr.–Okt. tgl. 11–22 Uhr.
Hotel Spreeufer (€€), Hinter der Mauer 4, Tel. 27260, www.hotelspreeufer.de.
Hotel und Restaurant Spreeblick (€€), Gubener Str. 53, Tel. 2320, www.hotel-spreeblick.de. In der Stadtmitte.
Pension Birkengrund (€€), Postbautenstr.1, Tel. 3014. Ruhige Lage an Stadtrand und Europawanderweg.
Jugendherberge Lübben (€), Zum Wendenfürsten 8, Tel. 3046, www.jh-luebben.de. Im Ortsteil Steinkirchen, 15 Min. vom Stadtzentrum, mit Zeltplatz.

Schlossrestaurant, Ernst-Houwald-Damm 14, Tel. 4078, www.schlossrestaurant-luebben.de. Feine Küche, herrliche Terrasse mit Blick zur Spree und in den Park; Di–So 11–23 Uhr.
Strandcafé, Ernst-von-Houwald-Damm 16, Tel. 7364, www.strandcafe-luebben.de. Große Terrasse am Spreeufer, schöner Wintergarten mit Spreeblick, skandinavischer Stil mit viel Holz. Spreewälder und leichte Sommerküche, Salate, Desserts, Kuchen und Eis; tgl. ab 11.30 Uhr, Jan.–Mitte Feb. geschlossen.
Pfannkuchenhaus, Judengasse 17 (zwischen Markt und Schlossinsel), Tel. 9289613; Di–Fr 11–19, Sa/So 12–19 Uhr.
Dodge City Saloon, Bergstr. 3a, Tel. 4051, www.dodge-city-saloon.de. Wild-West-Ambiente, etwa 90 Gerichte, darunter exotisches wie Büffel-, Känguru- und Straußenfleisch; Mo–Sa ab 17, So ab 11.30 Uhr.

Spreewaldcamping Lübben, Am Burglehn, Tel. 7053, www.spreewaldcamping-luebben.de. Drei Hektar am Stadtrand, direkt an der Spree, eigener Anlegesteg. Halbschattiger Platz mit Bäumen, Brötchenservice; Mitte März–Ende Okt., ansonsten nach Anmeldung.

Museum Schloss Lübben, Tel. 187478, www.museum-luebben.de; Apr.–Okt. Di–So 10–17 Uhr, Nov.–März Mi–Fr 10–16 u. Sa/So 13–17 Uhr.
Paul-Gerhardt-Kirche, Mo–Fr 10.30–12 u. 15–17, Sa 15–17, So 11–12 Uhr.

Mittelalterspektakel (Pfingsten), **Stadtfest** (Juni), **aquamediale** (Juni–Aug.), **Spreewälder Gurkentag** (2. Augustwochenende), **Spreewaldfest** (Sept.).

Bootsverleih Gebauer, Lindenstr. 18 (am Stadtcafé), Tel. 7194 und 8566.
Kahnfahrten:
Hafen 1, Fährmannsverein Lustige Gurken, Tel. 7122 und 181236, www.lustige-gurken.de.
Hafen 2, Fährmannsverein Flottes Rudel, Tel. 2626, www.flottes-rudel.de.
Hafen 3, Kahnabfahrt Berste, Tel. 3684.
Hafen 4, Kahnfährgemeinschaft Strandcafé, Tel. 7203.

Kletterwald Lübben, Hartmannsdorfer Str. 27c, Tel. 0176/96302216, www.kletterwald-luebben.de. Neun verschiedene Parcours für kleine und größere Kinder ab 6 Jahren; Juni–Aug tgl. 10–19 Uhr, Apr./Mai und Sept./Okt. Di–So 10–18 Uhr, tgl. während der Schulferien.
Western-Reitanlage Three oak ranch, Briesener Zergoweg 18, www.three-oak-ranch.de. Pferdepension, Reitunterricht, Trailplatz mit Naturhindernissen, Reithalle.

Töpferei Henry Sander, Briesener Zergoweg 18, Tel. 0178/1338094, www.spreewaldtoepferei.de. Laden in der Hauptstr. 21, Tel. 226924. Spreewaldtypisches Dekor; Mo–Fr 10–18, Sa 10–12 Uhr.

Die Spreewaldgurke

Die Gurke ist das berühmteste Gemüse des Spreewalds, und wohl nirgendwo schmeckt es so gut wie hier, gerade wenn es frisch aus dem Fass kommt. Der Spreewald gilt als das ›Vaterland der sauren Gurke‹. Das längliche Kürbisgewächs wird 6 bis 15 Zentimeter lang. Gurkenkenner schwören darauf, dass die Spreewälder Gurken die knackigsten und schmackhaftesten überhaupt sind. Die Spreewälder haben ihr bekanntestes Markenzeichen selbstbewusst mit einem lateinischen Namen geadelt: ›Cucumis sativus spreewaldis rex‹ (königliche Spreewaldgurke).

Anfangs taten sich die Deutschen schwer mit dem Gemüse. Bis die Gurke zum Leckerbissen avancierte, dauerte es Jahrhunderte. Bereits in grauer Vorzeit kannte man in Afrika verschiedene Gurkenarten. Vor rund 2700 Jahren übernahmen die Griechen die Gurkenzucht aus Kleinasien, in Indien war sie bereits etwa ein Jahrtausend früher verbreitet. Einen wahren Boom erlebten die Gurken im Römischen Reich, ganze Hofgärten widmeten sich nur deren Zucht. Kaiser Nero etwa liebte die Gurken so sehr, dass sie auf seinem täglichen Speiseplan standen. Die Hofgärtner entwickelten extra Gurkenwagen, die sie tagsüber in die Sonne und nachts hinter Glaswände stellten.

Auch die zugewanderten slawischen Stämme der Lausitz züchteten bereits Gurken, wie frühgeschichtliche Samenfunde bei Calau beweisen. Aus der Heimat brachten sie die für das Würzen und die Konservierung noch heute unentbehrlichen Pflanzen mit: Dill, Knoblauch, Meerrettich, Senf und Zwiebeln. Im 16. Jahrhundert herrschten über Lübbenau die Grafen von der Schulenburg, die flämische Tuchmacher in die Niederlausitz lockten. Die Neusiedler webten sehr feines Tuch, was sich aber in der Lausitz nicht absetzen ließ. So sannen sie nach neuen Erwerbsquellen und stellten alsbald fest, dass Gurken hier besonders gut gedeihen.

Das feucht-warme Mikroklima in den Sommermonaten, die Bodenstruktur und das hervorragende Wasser sind für Anbau und Qualität ideal, und die neuen Landwirte konnten auch auf die Gurken- und Gewürzkenntnisse der Einheimischen zurückgreifen. Die Spreewälder Gurke wurde bald zur begehrten Delikatesse. Erst im 17. Jahrhundert wurde die Gurke auch in den Gebieten Süd- und Westdeutschlands bekannt.

In der Chronik der Stadt Lübbenau kann man über einen berühmten Lübbenauer, Albert Schulz, Folgendes lesen: »Durch ihn gedieh der Gurkenversand zu einem höheren Aufschwunge. Er erfand 1874, dass das Hohlwerden der gesäuerten Gurken dadurch gesteuert werde, wenn sie vor dem Einlegen mit einem Messer angestochen werden. Dadurch entweichen die Gärungsgase, die Gurken bleiben fest...« Das Herstellungsprinzip, das auf Schulz zurückgeht, ist einfach: Durch das Salz in der Lauge wird der Gurke der Fruchtzucker entzogen. Die Bakterien werden durch den Zucker regelrecht gemästet, nebenbei ›revanchieren‹ sie sich mit der Milchsäuregärung und lassen die Gurken sauer werden. So werden im Spreewald saure Gurken, Gewürz-, Senf-, Knoblauch- und Pfeffergurken erzeugt. Früher dauerte dieser Prozess gut drei Wochen. Die gleiche Lauge, auf 70 Grad erhitzt, schafft das Sauerwerden heute auch in einer Nacht. Für die vielen verschiedenen Sorten hat jeder Betrieb sein eigenes geheimes Rezept. Der würzige Ansatz wird unter anderem mit Nussbaum-, Kirsch- und Weinblättern, Basilikum,

Dill, Liebstöckel, Estragon, Thymian und Zitronenmelisse gemischt. In Fass, Glas, Blechbüchse oder Plastikeimerchen, würzig gebrüht oder sauer, kommen die Gurken schließlich zum Verkauf.

Bereits vor 300 Jahren florierte der Anbau so gut, dass große Gurkenladungen mit dem Kahn auf der Spree nach Berlin oder im Fuhrwerk nach Dresden geliefert wurden. Der Export aus dem Spreewald steigerte sich erheblich, als 1844 die Berliner Chaussee und 1866 die Berlin-Görlitzer Bahn zur Verfügung standen. Um die Wende zum 20. Jahrhundert betrug die Liefermenge knapp 7000 Tonnen, im Jahr 1907 waren es bereits 20 000 Tonnen. Für die Lübbenauer Ackerbürger waren es goldene Jahre, und so manches Haus in der Stadt kündet noch vom damaligen Wohlstand. 1918 urteilte der Lübbenauer Lehrer und Ortschronist Paul Fahlisch über die Spreewaldgurke: »Dem Gärtner und dem kleinen Landmann trägt sie Schätze ein.« Nur 1929 ging als Katastrophenjahr ein – man fuhr zwar überall Rekordernten ein, aber der gerade deswegen einsetzende Preiskrieg verhagelte das Geschäft gründlichst –, und 2011 sorgte der EHEC-Erreger monatelang für einen Absatzeinbruch von Frischgurken. Heute fahren selbst die Araber auf Spreewälder Gurken ab, kleine knackige Exemplare kommen in schlanken Dosen für den Verkauf in den Nahen Osten.

Das Saatgut erzeugten die Spreewälder zum überwiegenden Teil in eigener Zucht. Um 1850 verkauften allein die Lübbenauer etwa 15 000 Kilogramm Gurkensamen. Andererseits kam Samen auch aus Calbe, Liegnitz und Stettin (heute Legnica und Szczecin in Polen) und den Niederlanden in den Spreewald. Als beste Sorte gilt die Erfurter Schlangengurke; sie ist lang und grün. Man verwendet sie für die Zubereitung der sauren Gurken. Als besonders widerstandfähig hat sich die Sorte ›Unikum‹ erwiesen, die der Chinesischen Schlangengurke ähnelt. ›Goliath‹ heißt die längste Landgurkensorte. Zur Senfgurkenbereitung ist die Dänische Senfgurke – schnelles Wachstum und festes Fleisch – ideal.

Waren die Spreewaldgurken zu DDR-Zeiten Mangelware, so bekam man sie als eines von wenigen Ost-Produkten nach der Wiedervereinigung ohne Pause. Nach der Wende wollten viele Produzenten auch aus anderen Regionen der Bundesrepublik ihre Erzeugnisse als ›Spreewälder Gurken‹ oder nach ›Spreewälder Art‹ vermarkten. Mittlerweile ist durch ein EU-Gesetz sichergestellt, dass Spreewaldgurken nur im Spreewald und der näheren Umgebung – beispielsweise in Golßen – produziert werden dürfen. Was aber kaum jemand weiß: Nur 70 Prozent der Rohware müssen auch aus dem Wirtschaftsraum Spreewald stammen. Nach Bedarf dürfen gemäß EU-Verordnung auch Gurken aus anderen Anbaugebieten dazugekauft werden. Der Spreewald steht für natürliche Produkte. Ein Drittel der rund 800 Landwirte sind Biobauern, und im Jahr 2004 gab es Anregungen von verschiedener Seite, den Spreewald mit seinen etwa 300 000 Hektar zur größten gentechnikfreien Zone in Deutschland zu erklären.

Die Gurke ist so populär, dass sie vor einigen Jahren auch zur Namensgeberin für den ›Gurkenradweg‹ wurde. Mit 250 Kilometer Länge ist dieser Rundkurs der längste Radweg des Spreewaldes und der näheren Umgebung. Und in Lübbenau gibt es vom Frühjahr bis in den Herbst eine ›Gurkenmeile‹; sie führt vom Busparkplatz durch die Dammstraße bis zum Großen Hafen an vielen mobilen Verkaufsständen vorbei.

Der Oberspreewald reicht von Lübben im Norden bis in die Burger Umgebung im Südosten. Lübbenau ist die inoffizielle Hauptstadt des Spreewaldes und Zentrum des Tourismus. Hier findet man alles, was man gedanklich mit dem Spreewald verbindet, vor allem aber Kähne, Brauchtum, Gurken und Postkartenidylle. Etwas beschaulicher geht es in Burg zu. Hierher kommen Gäste, die sich eine Auszeit mit Wellness und Kur gönnen wollen.

DER OBERSPREEWALD

Lübbenau/Spreewald (Lubnjow)

»Sobald man die Bahnsperre passiert hat, nehme man den Stadtplan zur Hand und lasse sich nicht durch die sogenannten Fährleute beeinflussen, die meistens nicht gerade einen vertrauenerweckenden Eindruck machen und dem Publikum in aufdringlicher Weise Kahnpartien anpreisen«. Diese Bemerkungen eines Reiseführers aus dem Jahr 1910 verweisen in einem Punkt auf einen noch heute wahren Kern: Der seit 1998 staatlich anerkannte Erholungsort ist das bekannteste und am meisten frequentierte Touristenzentrum im Oberspreewald: Die Stadt mit ihren etwa 19 000 Einwohnern wird jährlich von rund einer Million Touristen besucht. Zur Hochsaison geht es an gleich mehreren Kahnfährhäfen überaus geschäftig zu. Anfang Dezember können Besucher sogar mit dem Kahn vom maritimen Weihnachtsmarkt am Großen Spreewaldhafen Lübbenau zum kleineren Markt nach Lehde fahren!

Geschichte

Wo heute das Schloss steht, etwas außerhalb der Altstadt, nahm die Besiedelung ab dem Jahr 800 ihren Anfang. Hier stand einst eine slawische Wallanlage der Lusici. Im 14. Jahrhundert wurden die Herren von Yleburg aus Meißen Eigentümer des vorhandenen massiven Burgareals, 1621 ging die Standesherrschaft in den Besitz der Grafen zu Lynar über, die sie bis 1944 behielten. Nach der Wende erfolgte die Rückübertragung an die Familie, die das Schloss zu einem Viersternehotel mit feinem Restaurant aus- und umbauen ließ.

Ab dem 18. Jahrhundert hatten Bierproduktion, Leinenweberei und Leinwandhandel wirtschaftliche Bedeutung,

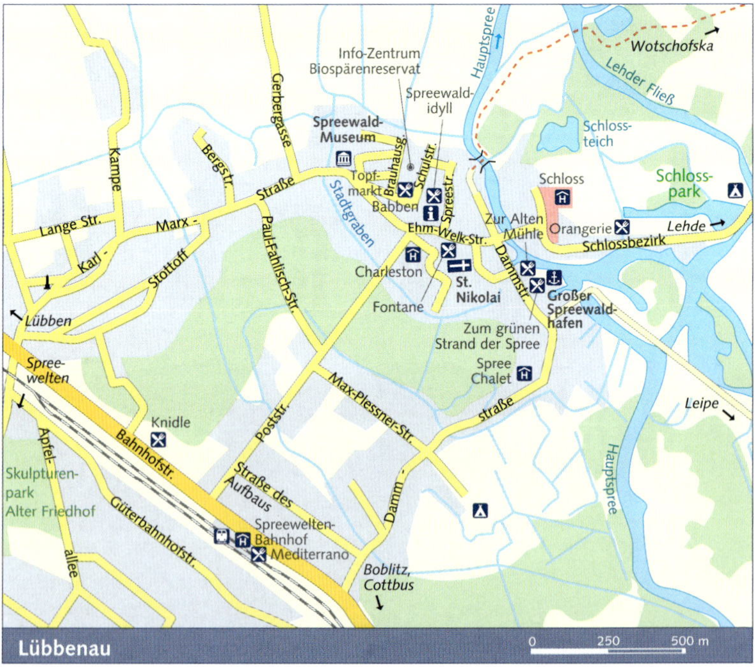

einen guten Ruf weit über die Region hinaus genossen bald auch die Lübbenauer ›sauren‹ Gurken, die in alle Himmelsrichtungen verschickt wurden. Theodor Fontane bezeichnete in seinen ›Wanderungen durch die Mark Brandenburg‹ Lübbenau gar als ›eine Hauptstadt‹ und ›die unbestrittene Spreewaldresidenz‹. Seit Anfang des 20. Jahrhunderts entwickelte sich der Fremdenverkehr zum herausragenden Erwerbszweig. Das Braunkohlekraftwerk Lübbenau entstand zwischen 1957 und 1964, die Einwohnerzahl stieg in dieser Zeit explosionsartig an. 1996 wurde das technisch veraltete Kraftwerk stillgelegt und abgerissen. Weil seitdem kein erwärmtes Kühlwasser mehr in die Fließe strömt, ist der Spreewald in frostigen Wintern – wieder – ein herrliches Schlittschuhrevier.

Am Großen Hafen

Ehemalige Selters- und Limonaden-fabrik

Der Weg vom Bahnhof zum Fährhafen, den viele Besucher einschlagen, führt über die Dammstraße. Im heute denkmalgeschützten Hinterhof des schmucken Bürgerhauses Nr. 18 befand sich einst eine Selters- und Limonadenfabrik. Bis in die 1930er Jahre wurden Selters und Limo von hier aus mit dem Kahn in den gesamten Spreewald ausgeliefert. Künftig können Gäste hier in das ›Limonadenhaus‹ mit zwei geräumigen Ferienwohnungen einziehen, schon im Sommer 2012 eröffnete im Haupthaus das luxuriöse ›Spree Chalet‹: schlafen wie zu Uromas Zeiten um 1900 in verschnörkelten Bettgestellen und mit bestickter Bettwäsche, aber mit Matratzen von höchstem Hotelkomfort. Liebevoll sind alte Details der Einrichtung wie Balken, Dielenboden oder bunte und verzierte Gläser in den Türen wieder-aufgearbeitet worden. Die Inhaber Birgit und Frank Knabe nehmen sich viel Zeit für ihre Gäste und wissen manches über das alte Lübbenau zu erzählen.

Ehm Welk

In der Dammstr. 26 lebte von 1935 bis 1940 der Schriftsteller Ehm Welk, der Verfasser von ›Die Heiden von Kummerow‹. Eine **Gedenktafel** erinnert daran. Der mutige Publizist hatte Reichspropagandaminister Joseph Goebbels in der Wochenzeitung ›Grüne Post‹ herausgefordert, der sich zuvor abfällig über belanglosen Journalismus in Deutschland ereifert hatte. Welk schrieb in einem Offenen Brief mit dem Titel ›Auf ein Wort Herr Minister‹: »Sie sind, Herr Reichsminister, ein Freund des Witzes und der Ironie. Unsere Grenzen sind da enger gezogen. Früher, da konnten wir diese geistige Übung gelegentlich auch an behördlichen Maßnahmen und behördlichen Personen erproben ...« Für seinen Mut musste Welk bitter büßen: Er wurde verhaftet und in das KZ Oranienurg eingeliefert. Nach seiner Entlassung aufgrund zahlreicher Proteste ausländischer Berufskollegen verbannten ihn die Behörden in die Spreewälder Provinz.

Der ›Sagenhafte Brunnen‹ am Markt

Stadtkirche St. Nikolai

Weithin sichtbar grüßt der schlanke, spitze Turm der Stadtkirche St. Nikolai. Sie stammt aus dem 18. Jahrhundert und ist im für den Spreewald ungewöhnlichen Stil des Dresdner Barock errichtet. Hofarchitekten, Bildhauer und Maler aus der sächsischen Elbmetropole haben hier ihre Spuren hinterlassen. Das Kirchenschiff gründete man auf Eichenpfählen, die erst jüngst verfestigt wurden, denn damals befanden sich an dieser Stelle noch befahrbare Fließe. Zur Inneneinrichtung gehören unter anderem das Hochgrabmal des Moritz Carl Graf zu Lynar, die Herrschaftsloge sowie zwei – leere – verzierte Sarkophage der Grafen zu Lynar. Das Altarbild ›Christus schwebt über dem Grab‹ ist dem in der Dresdner Hofkirche ebenbürtig. Anmutig erscheint der Taufengel aus Bronzeguss.

Derzeit ist die Kirche nur zu Gottesdiensten zugänglich – aktuelle Besichtigungsmöglichkeiten können in der nahen Spreewald-Touristinformation erfragt werden, Ehm-Welk-Straße 15.

▶ Karte S. 56

An der Kirchennordseite findet man den **Sagenhaften Brunnen** mit Gestalten des Spreewaldes: Lutki, Baum- und Schlangenkönig sowie das Irrlicht, 2007/08 vom Bildhauer Volker Michael Roth geschaffen. Sehenswert ist das Ensemble der **Bürgerhäuser** aus dem 18. und 19. Jahrhundert, das dem Markt einen würdigen Rahmen verleiht.

Der ›Sagenhafte Spaziergang durch die Lübbenauer Altstadt‹ offenbart Einblicke in die Stadtgeschichte, dabei werden Sagenfiguren lebendig (April, Sept./Okt. Do 19 Uhr, Mai–Aug. Do 20 Uhr, Nov.–März jeden 2. Sa um 11 Uhr).

Brauerei Babben

In einer Seitengasse verbirgt sich die Brauerei Babben. Sie ist die kleinste im Land Brandenburg, seit 1928 im Besitz von Erich Babben, 1972 verstaatlicht und 1996 neu eröffnet. Die Biere sind unfiltriert und unpasteurisiert, in den Sorten Dunkel spezial (malzig-aromatisch) und Pils (hopfig-frisch) zu haben, je nach Saison kommen auch Märzen, Maibock und Weizen aus dem Zapfhahn. Beliebt sind auch die süffige Erdbeerbowle sowie die Himbeerfassbrause aus eigener Herstellung. Im Biergarten stehen zwei große Gurkenfässer als originelle Sitzgelegenheiten.

Spreewaldmuseum

Das schmucklose Torhaus (vor 1784), nordwestlich vom Zentrum am Topfmarkt, war früher das Rathaus, aber auch Wachthaus, Polizei- und Gefängnisstation. Heute beheimatet es das Spreewaldmuseum. Zuerst kommt der Besucher zum begehbaren Setzkasten mit Alltagsgegenständen verschiedener Epochen. Hier kann man entdecken, was wertvolle und weniger wertvolle Gegenstände aus der persönlichen Lebensgeschichte erzählen können, und hier erlebt man den historischen Alltag. Jede Kastenfarbe zeugt von einer anderen Zeit oder einem anderem Lebensbereich: Archäologie (gelb), technische Entwicklung (orange), städtische Geschichte (rot), sorbisch/wendische Kultur der Landbevölkerung (blau), Zweiter Weltkrieg und Nachkriegszeit (braun) sowie DDR (grün).

Ein historischer Kurzfilm zeigt Lübbenauer Trachten im Alltag, der Ausschnitt aus der DDR-Dokumentation ›Unterwegs zwischen Warnow und Werra‹ aus den 1950er Jahren den Aufbau von Neu-Lübbenau und dem Braunkohlekraftwerk. Es folgt eine reichhaltige Schau mit Spreewaldgemälden, Ansichten aus allen vier Jahreszeiten. Das **Museumskaufhaus** gewährt Einblicke in historische Läden und Handwerkerstätten: Hut- und Mützenmacherei, Leinenweberei, Schuhmacherwerkstatt, Konfektionsgeschäft, eine 100 Jahre alte Schankwirtschaft sowie Drogerie, Gemischt- und Kolonialwarenladen. Hier steht ein historischer Eisschrank, der nur mit einem Eisblock

Kaufmannsladen im Museum

gekühlt wurde – dieser hielt die Ware etwa eine Woche frisch, dann musste das Eisstück erneuert werden. Die Lübbenauer Kürschnerei von Ernst Kohl war bis 2001 in Betrieb. Hier sieht man eine alte Pelznähmaschine sowie eine Klopfmaschine zum mechanischen Auffrischen und Reinigen der Felle von Schädlingen. Im Keller verbirgt sich eine **Gefängniszelle** der einstigen Polizei- und Gefängnisstation.

Zur **Dauerausstellung Museumskaufhaus trifft Spreewaldbahn** gehört im neuen Anbau eine Dampflok und ein kombinierter Reise- und Packwaggon, auf zwei Ebenen übereinander angeordnet. Zu besichtigen und auszuprobieren ist hier die Holzklasse aus dem Jahr 1898. Die technischen Relikte stammen aus der Epoche der Schmalspurbahn, die den liebevollen Beinamen ›Spreewaldguste‹ trug. Schon 1866 waren die Städte Lübben, Lübbenau und Cottbus an das Bahnnetz angebunden. So reifte in den abgehängten Orten der Wunsch nach einer Kleinbahn mit Anschluss an das Hauptschienennetz.

Eine Dampflok der 1970 stillgelegten Spreewaldbahn

Ab 1898/99 führte die neue 100-Kilometer-Bahnstrecke mit einer Spurweite von 1000 Millimetern von Lübben über Straupitz und Burg nach Cottbus (52 km), mit Abzweigen nach Goyatz (14 km) und Lieberose (19 km). Da die Strecke kaum Steigungen aufwies, konnte das Bähnlein Lasten bis zu 300 Tonnen ziehen. Die Höchstgeschwindigkeit betrug anfangs 20 km/h und steigerte sich mit der Einführung von Dieseltriebwagen auf 40 km/h. Zwölf Bahnhöfe mit einigen beliebten Bahnhofswirtschaften sowie neun Güterschuppen säumten die Gleise, in manchen Dörfern taten es aber auch ein aufgeschütteter Damm und eine Wellblechhütte. Anfangs wurde die Bahn hauptsächlich für den Güterverkehr eingesetzt, aber für 1912 sind bereits 29 000 Fahrgäste dokumentiert. Spreewälder fuhren mit der Bahn zum Markt in Cottbus, die Cottbuser sonn- und feiertags in die umgekehrte Richtung zur Erholung. Letztmalig wurde die Strecke am 3. Januar 1970 befahren. Obwohl Lübbenau nicht an der Strecke lag, sind hier im Museum die attraktivsten Relikte versammelt.

Im Torbogen des Torhauses hängt der linke **Unterkieferknochen** eines Grönlandwals, knapp 6 Meter lang und über 200 Kilo schwer. Der Knochen wurde der Stadt Lübbenau im 18. Jahrhundert vom Lübbenauer Bürger Morzan Schimkönig geschenkt, der sich damals als Kaufmann in Hamburg aufhielt.

Schloss

Zu den Hauptanziehungspunkten gehört das klassizistische Schloss mitsamt Nebengebäuden und hübschem Park. Vor dem Haupteingang zum Schlossbezirk steht eine **Büste des Grafen Rochus Guerini zu Lynar**, den aus Italien stammenden berühmten Festungsbauer. Der benachbarte langgestreckte **Fachwerkbau**, das sogenannte Efeuhaus, war einst Marstall, heute ist es ein stilvolles Urlaubsdomizil mit Ferienapartments, Suiten und Doppelzimmern, auch barrierefrei.

Das **Schloss** wurde vom Leipziger Baumeister Karl August Benjamin Siegel zwischen 1817 und 1820 auf den Fundamenten mehrerer Vorgängerbauten errichtet. Wie Ausgrabungen gezeigt haben, besaßen Slawen hier eine hölzerne Feste, zur Zeit der Gotik stand hier eine Wasserfestung, die Anfang des 17. Jahrhunderts in eine märchenhafte Renaissanceburg mit allerlei Zierrat und hübschen Treppentürmen verwandelt wurde. Bei den letzten großen Umbauarbeiten im 19. Jahrhundert wurde der berühmte preußische Baumeister Karl Friedrich Schinkel zu Rate gezogen, die Bauzeichnungen entwarf aber sein Baukondukteur Wilhelm Salzenberg, die Arbeiten vor Ort beaufsichtigte der Architekt Homann; so ist er der Urheber der zwei neuromantischen Türme.

▲ Karte S. 56

Bis Mitte der 1990er Jahre war in der benachbarten **Orangerie**, von 1820 bis 1830 mit einem Säulengang errichtet, die Niederlausitzer Kunstgalerie zu besichtigen. Jetzt verweilen die Besucher hier im gleichnamigen Restaurant und Café mit südländischem Flair. Besonders sehenswert sind die hübschen Mosaike aus kleinen Kacheln an den Wänden, darunter auch Orangenbäumchen.

Zwischen Schloss und Marstall steht die ehemalige **Kanzlei** (1745 - 1748), derzeit nicht zugänglich. Hier ist ein Schlossmuseum geplant. Der öffentliche **Park** im englischen Stil umfasst neun Hektar, Peter Joseph Lenné entwarf die Pläne für seine Gestaltung.

Weitere Sehenswürdigkeiten

In der Karl-Marx-Straße (am Abzweig der markierten Fahrradwege Richtung Lübben) steht eine originale sächsische **Postmeilensäule** aus dem Jahr 1740: Bis 1815 gehörte Lübbenau zu Sachsen. Die Säule stand jahrzehntelang vor der Kirche und schmückte den Markt, wurde aber kürzlich wieder an ihren ursprünglichen Standort in der Vorstadt versetzt. Die Distanzsäulen geben Auskunft über Fahrtrouten und Enfernungen, die angegebenen Stunden sind Wegestunden. Eine sächsische Postmeile entspricht zwei Wegestunden. Die grobe Faustregel zum Selberrechnen: Zwei Meilen ergeben eine Fahrstunde und entsprechen heute etwa einer Geschwindigkeit von rund 18 km/h.

An der Friedensstraße, die nach dem Bahnübergang in die Neustadt führt, befindet sich linker Hand der **Skulpturenpark Alter Friedhof**. Kunstfertige alte Grabskulpturen längst vergessener Steinmetze, langsam verwitternde Grabinschriften und alte Bäume sind ein Ort für die innere Einkehr und die Besinnung aufs Wesentliche.

Luxuriöse Ferienwohnungen im ehemaligen Marstall

Die Grafen zu Lynar

Über drei Jahrhunderte waren derer zu Lynar die dominierende Familie im Spreewald. Das Familienwappen zieren Leinpflanzen. Aus dem deutschen Wort Flachs bzw. Lein, lateinisch Linum, ist der italienische Name - anfangs Linari, später Lynar - entstanden. Der Pflanze verdanken die Adligen nicht nur ihren Namen, sondern auch Aufstieg und Reichtum. Im Lynarschen Familienwappen sind zwei Türmchen und zwei Schlangen mit je drei Leinblüten bekrönt. Das Geschlecht stammt ursprünglich nicht aus dem Spreewald, ihre Ursprünge sind jenseits der Alpen zu finden. Im mittelalterlichen Oberitalien, in der Gegend um Faenza, färbte die Saatleinblüte die Felder bis zum Horizont in ein zartes Blau. Die stattlichen Erlöse aus der gewonnenen Leinwand nutzte man im Jahr 1168, um sich den Titel Contes (Grafen) zuzulegen. Fortan war von Contes di Linari die Rede. 1540 sah sich Rochus Guerini zu Lynar in seiner Ehre befleckt und streckte im tödlichen Duell seinen Widersacher Markgraf von Malaspina nieder. Lynar war ein Hitzkopf, aber schlau: Er fürchtete Blutrache, setzte sich nach Frankreich ab und wurde hier, nachdem er während der Schlacht bei Diedenhofen sein linkes Auge verloren hatte, Generalinspektor sämtlicher Befestigungen. Lynar leitete unter anderem den Ausbau der Zitadelle von Metz. Als Lutheraner zog es ihn weiter in deutsche Lande, wo er seine Dienstherren mehrmals wechselte. Für den Kurfürsten Johann Georg von Brandenburg vollendete er den Bau der Spandauer Zitadelle. Neben seinem hohen Salär in baren Talern bezog er von den Untertanen jährlich eine Unmenge Naturalien: so unter anderem 4120 Liter Weißwein, 824 Liter Rotwein, 6 Ochsen, 30 Schweine, 30 Kälber, 16 Zentner Karpfen und Hechte sowie 4 Tonnen Butter. Später kümmerte er sich auch um Salzsiedereien und den Salzhandel und polierte einige königliche Residenzen auf. Lynar verschied 1596 und hinterließ ein Vermögen. So war es seiner Tochter möglich, für ihren erst fünfjährigen Sohn Johann Siegmund 1621 die Standesherrschaft Lübbenau für 160 000 Taler zu erwerben.

Im Jahr 1781 teilte sich die Dynastie in eine ältere gräfliche (Lynar-Lübbenau) und eine jüngere Linie (Lynar-Drehna). Als sich Kaiser Napoleon von seiner Frau trennte, bat er die Witwe Auguste Charlotte zu Lynar an seinen Hof - er benötigte Trost. Als diese einige Jahre später ein Kind gebar, ging das Gerücht um, der Kaiser sei der Vater. Später äußerte die Lübbenauer Gräfin die Absicht, nach St. Helena zu gehen, um dem verbannten Napoleon Gesellschaft zu leisten.

Das Familienwappen der Grafen von Lynar

Um die Mitte des 19. Jahrhunderts umfasste das Lynarsche Spreewälder Reich 30 Ortschaften, 13 000 Hektar Felder und Wiesen und rund 10 000 Untertanen. Wie zu allen Zeiten trug das einfache Volk sämtliche Lasten. Während der Revolution 1848 entlud sich der Zorn ganz allgemein auf die Obrigkeit und auch auf das Geschlecht zu Lynar. Die gräfliche Familie machte sich mit dem Kahn aus dem Staub, erreichte Lübben und sandte von hier eine Stafette zu General Wrangel. Der schickte sein Militär nach Lübbenau, um die Büger zu disziplinieren. Kurze Zeit später aber wurden einige Forderungen erfüllt: Kostenlose Hofdienste und Nachtwachen, zu denen die Bürgerschaft bislang verpflichtet gewesen war, entfielen nun ebenso wie die Pflicht der Lübbenauer Frauen, regelmäßig das gräfliche Geschirr zu spülen und zu putzen. Im Jahr 1852 erhielten die Bürger 2500 Morgen des Spreewaldes für die eigene Bewirtschaftung zurück.

Denkmal am Schlossbezirk

Während des Zweiten Weltkrieges war Wilhelm Friedrich Rochus Graf zu Lynar (1899–1944) Major und für das Personalwesen zuständiger Stabsoffizier beim Generalkommando in Berlin, später Adjutant des Generalfeldmarschalls Erwin von Witzleben. Er gehörte zum Kreis der Verschwörer gegen Hitler und war auch über frühere Attentatspläne im Bilde; Schloss Lübbenau war einer der Treffpunkte der Widerständler. Am 20. Juli 1944 sah man Lynar zusammen mit Erwin von Witzleben in den Bendlerblock schreiten. Er wurde nach dem gescheiterten Attentatsversuch auf Hitler von der Gestapo verhaftet, am 29. September 1944 vom Volksgerichtshof zum Tode durch den Strang verurteilt und noch am gleichen Tag hingerichtet. Der gesamte Besitz der Familie wurde eingezogen, seine Frau konnte mit den vier Kindern im Schloss bleiben. Zwei Söhne kämpften an der Front, wurden aber degradiert und bevorzugt zu sogenannten Himmelfahrtskommandos eingesetzt. Nach dem Krieg besuchten die beiden jüngsten Lynars das Carl-Blechen-Gymnasium in Cottbus. Als ab 1949 abzusehen war, dass Adligen und Großgrundbesitzern im neugegründeten Arbeiter- und Bauernstaat keine rosige Zukunft beschert sein würde, gingen erst zwei Söhne in den Westen und 1953 auch die Mutter. Nach der Wende bemühten sich die Lynars um die Rückübertragung ihres früheren Besitzes. Zwar hatte die Treuhand für vier Millionen D-Mark bereits einen Käufer gefunden, doch zum Glück für die Familie war der Vertrag noch nicht rechtskräftig. Und so konnten die beiden Söhne von Wilhelm Friedrich, Christian und Guido zu Lynar, 1992 in den Spreewald heimkehren. Sie investierten seither viel Geld in ihre alten neuen Besitztümer. Für den aufrechten Vorfahr, Wilhelm Friedrich Rochus Graf zu Lynar, wurde am Schloss eine Gedenktafel angebracht.

ESSAY

Wanderungen, Paddeltouren und Radwanderungen von Lübbenau

Lübbenau ist nicht nur wegen seines Ortsbildes und des Hafens, von dem aus die Gäste von den Fährleuten durch die Fließe gestakt werden, einen Ausflug wert, sondern gerade auch wegen der Fußwanderungen und individuellen Paddeltouren zu Sehenswürdigkeiten und Naturschönheiten, die sich von hier aus anbieten.

Die Wanderung von Lübbenau nach Lehde ist im Abschnitt Lehde beschrieben (s. S. 78).

Wanderung zur Wotschofska

Ausgangspunkt ist der Marktplatz in Lübbenau. Von hier aus folgen wir der Spreestraße bis hin zum Gasthof ›Spreeschlösschen‹. Dort ist die erste von vielen noch folgenden Bänken, diesen typischen Spreewaldbrücken, zu überqueren, und der schmale idyllische Pfad zur Wotschofska nimmt seinen Lauf. Von Birken und Erlen begrenzt, gibt der Weg auch den Blick über die grünen Wiesen mit ihren charakteristischen Spreewald-Heuschobern frei. Der romantische Fußweg entstand im Jahr 1911 auf Initiative des Lübbenauer Bürgermeisters Otto Weidner. In diesem Jahr herrschte eine ausgesprochene Trockenheit, der Wasserstand war entsprechend niedrig und begünstigte die Bauarbeiten.

Rechts und links des Pfades kamen 7000 Birken-, Erlen- und Ebereschensetzlinge in den Boden, die Ufer wurden mit etwa 100 000 Korbweidenstöcklingen befestigt. Es war geplant, mit dem Verkauf der Weidenruten die spätere Pflege des Pfades zur ›Erleninsel im Sumpf‹ zu finanzieren.

Nach etwa einer Stunde erreichen wir die Wotschofska; der Name ist von ›wotso‹ (Erle) abgeleitet und bedeutet Erleninsel. Dieses Stückchen Spreewald ist hochwassersicher, und oft war der verborgene und geheimnisvolle Ort auch die letzte Zufluchtstätte für die Bewohner der Gegend, wenn Kriege und Raubzüge droh-

Der malerische Weg zur Wotschofska

Karte: hintere Umschlagklappe

ten. Feindliche Soldaten sind hier niemals gesichtet worden, einzig die Rote Armee hat sich hier umgeschaut.
Im Jahr 1894 eröffnete die gleichnamige Gaststätte im Schweizerstil - schon damals war man im Spreewald auf die Förderung des Fremdenverkehrs bedacht. Seitdem wurden dem lieblichen Spreewaldflecken wahre Heerscharen von Touristen beschert. Die meisten kamen im Kahn, so wie auch die Verpflegung noch bis in die 1980er Jahre auf diese Weise hierher transportiert wurde.
Heute radeln viele hierher, aber das häufige Schieben oder Tragen der Fahrräder über die steilen Bänke ist anstrengend. Außerdem stört es die Fußgänger, denn Platz ist nur für eine Person, der Pfad ist schmal.
Länge: 7 Kilometer. 14 Brücken, für den Hin- und Rückweg steht nur der selbe Weg zur Verfügung.

Wanderung durch das Herz des Spreewaldes

Diese Tagestour führt aus dem Touristenzentrum Lübbenau zunächst eine ganze Weile am Rande des Spreewalds entlang, wo man von Ende August bis November Kraniche beobachten kann. Das Beste auf der Rundtour kommt zum Schluss: An Fließen entlang wandern wir durch das ›Herz des Spreewaldes‹.
Die Wanderung beginnt auf dem Marktplatz in Lübbenau. Wir gehen die Ehm-Welk-Straße entlang, vorbei an Rathaus und Gaststätte ›Lübbenauer Hof‹, bis zum Topfmarkt. Anschließend geht es durch das Torhaus mit dem Spreewald-Museum. Weiter geht es die Karl-Marx-Straße entlang in Richtung Vorstadt, bis wir rechts in die kopfsteingepflasterte Lange Straße abbiegen. Hier treffen wir auf die Markierung mit dem grünen Punkt, der wir zunächst in Richtung Barzlin folgen. Hinter dem Bauernhafen

Auf dem Weg zum Barzlin

Kampe führt der Weg durch eine Enge zwischen zwei Grundstücken. Dahinter liegt der Geruch von Gewürzgurken in der Luft: Hier befindet sich die Gurkenfabrik von Ernst Krügermann.
Die Stadt endet nun, es wird ruhig. Wir wandern entlang einer Kleingartenanlage hinüber in die offene Landschaft mit großflächigen Wiesen und Feldern. Hinter der Pappelreihe biegen wir nach rechts über die Spreewaldbrücke (Bank) ab. Wir gehen auf der Deichkrone am Rande des Spreewalds entlang, bis wir das Schöpfwerk Krimnitz (Fachwerkhäuschen) erreichen. Entsprechend der Markierung führt die Route nach rechts über die Brücke der Hauptspree. Vor der Brücke befindet sich ein hübscher Rastplatz. Hinter der Brücke beginnt sich der Wanderweg durch eine malerische Wiesenlandschaft zu schlängeln, teilweise über Holzstege, vorbei am Barzlin, der auf einer Fläche von vier Hektar wie eine Insel etwa einen Meter aus der Niederung herausragt. Ausgrabungen ergaben, dass sich hier bereits vor 3000 Jahren eine Siedlung befand, im 9. Jahrhun-

dert sogar eine slawische Burg und im 19. Jahrhundert mehrere Gebäude mit Acker- und Gartenland; eine alte Streuobstwiese überdauerte die Zeiten. Schließlich ist die Bank über den Burg-Lübbener-Kanal erreicht, rechts ist die Barzliner Schleuse zu sehen.

Am Hochwasserschutzdeich biegen wir rechts ab in Richtung Bukoitza. Nach etwa 500 Metern verlassen wir den Damm nach links. Auf der linken Seite liegt der Kranichrastplatz Kockrowsberg. Hier sammeln sich nach dem Ende der Brutzeit bis November bis zu 100 Kraniche. Es rasten Familien und Nichtbrüter, auch Durchziehende aus Skandinavien und Osteuropa. Am besten sind die Vögel bei Einbruch der Dämmerung zu beobachten.

Am Trafohäuschen halten wir uns rechts in Richtung Bukoitza, der grüne Punkt begleitet uns weiter. Nun führt der Weg auf einer Pappelallee immer geradeaus, bis er sich nach links wendet. Wiesen und Felder, die zu DDR-Zeiten bewirtschaftet wurden, renaturieren sich jetzt, manche sind mit Wasser überstaut. Am Hinweisschild zum Gasthaus ›Wotschofska‹ biegen wir rechts ab.

Nach eventueller Einkehr im Gasthaus beginnt nun der schönste Teil der Wanderung: Der drei Kilometer lange Fußweg nach Lübbenau wurde erst im Jahr 1911 angelegt, er führt an Fließen entlang über mehrere Brücken und Bänke, den typischen Stufenbrücken, und endet am Spreeschlösschen. Von hier sind es nur noch etwa 200 Meter auf der Spreestraße bis zum Markt, dem Ausgangspunkt unserer Wanderung.

Länge: 20 Kilometer. Wander- oder Fahrradtour auf markierten Wegen; leicht, auch mit Kindern möglich (Verpflegung und Getränke mitnehmen!).

■ Paddelboottour zur Wotschofska

Diese Tour beginnt im Kleinen Hafen ›Am Mühlenwehr‹ im Stadtzentrum von Lübbenau. Wir paddeln flussabwärts, vorbei am Kleinen Hafen mit dem Spreeschlösschen. An der Flussgabelung vor dem Bootsverleih Hannemann halten wir uns rechts. An der Kreuzung der Fließe – links Hauptspree, rechts Lehder Fließ – fahren wir geradeaus auf der Kleinen Kossoa, immer Richtung Bürgerfließ. Wir kommen in die erste Schleuse.

An der Spreewaldbrücke (Bank) biegen wir rechts unter der Bank hindurch in das Bürgerfließ ab. Etwa 100 Meter vor der Kreuzung Wehrkanal/Bürgerfließ müssen wir eine zweite Schleuse passieren. Wir verbleiben auf dem Bürgerfließ, die Mehrzahl der Wasserwanderer zieht es allerdings auf dem kürzesten Weg über den Wehrkanal zum Gasthaus ›Wotschofska‹. Erst jetzt wird es auf dem Wasser ruhig und idyllisch, der Spreewald zeigt sich von seiner schönsten Seite. Im Halbschatten finden sich mehrere Möglichkeiten zum Anlegen und Rasten. Wir kreuzen den Burg-Lübbener-Kanal und bleiben noch auf dem Bürgerfließ, bis es in das Große Fließ einmündet. An dieser Stelle biegen wir links ab und gleiten am Neuzaucher Hochwald vorbei. Wenn die oft angeheiterten Leute in den Kähnen nicht gerade laut schwatzen oder singen, sind aus der Ferne oft die unverwechselbaren Trompetentöne der Kraniche zu hören. Nach etwa einem Kilometer auf dem Großen Fließ biegen wir nach links in den Wehrkanal ab, paddeln unter zwei Straßenbrücken hindurch und knapp zwei Kilometer geradeaus, so auch an der Kreuzung mit dem Burg-Lübbener-Kanal. Kurz darauf können wir am Gasthaus ›Wotschofska‹ anlegen. Der slawische

Auf sicherem Steg über feuchte Wiesen am Barzlin

Name bedeutet ›Erleninsel‹. Im Jahr 1894 ließ die Stadt Lübbenau hier ein Gasthaus im Schweizerstil errichten, 1901/02 kam ein großer Saalanbau dazu. Hier macht fast jeder Pause, obwohl die Besitzer ihr Monopol in der Abgeschiedenheit mit gepfefferten Preise ausnutzen. Aber unter schattigen Laubbäumen sitzt es sich auf den Freiluftsitzen einfach himmlisch – und drinnen urgemütlich. Berühmtheit erlangte die ›Wotschofska‹ bundesweit durch einige im Spreewald angesiedelte ZDF-Fernsehkrimis – mehrmals wurden Szenen hier gedreht. Wegen der derzeit erhöhten Nachfrage soll man künftig auch wieder, so wie einst, übernachten können.

Wir verbleiben auf dem Wehrkanal, der kurze Zeit später in den Lehder Graben übergeht. Bald darauf erreichen wir das Ortseingangsschild Lehde direkt am Wasser, hier halten wir uns links. Jetzt stehen mehrere schöne Spreewaldblockhäuser am Ufer. Wir fahren vorbei am Gasthaus ›Oppot‹ und am Feuerwehrgerätehaus mit Reetdach (an dieser Stelle keinesfalls rechts in das Lehder Fließ abbiegen, da ein Wehr nach einem Kilometer die Weiterfahrt verhindert!).

Am Freilandmuseum Lehde fahren wir geradeaus unter der Spreewaldbrücke hindurch. Der Lehder Graben wird nun noch schmaler. Paddler müssen sich hier dem gemächlichen Tempo der Spreewaldkähne anpassen, denn ein Überholen ist kaum möglich. Es geht am Café ›Venedig‹ vorbei. Linkerhand liegen drei Gehöfte, die bis heute nur über das Wasser zu erreichen sind, am rechten Ufer steht das gemütliche Gasthaus ›Kaupen Nr. 6‹. Gleich darauf kommen wir in die Hauptspree und halten uns rechts. Vor dem nächsten Wehr benutzen wir am rechten Ufer die Rollschleuse. Nach wenigen Paddelschlägen auf dem Schneidemühlenfließ biegen wir am Lehder Fließ nach links ab. Vorbei am Caravan-Campingplatz fahren wir durch die Bank an der Kreuzung Lehder Fließ/Hauptspree/Kleine Kossoa und biegen links ab, kommen am Kleinen Hafen mit Spreeschlösschen vorbei und sind gleich darauf wieder am Mühlenwehr angelangt, unserem Ausgangspunkt.

Länge: 17 Kilometer (4 bis 5 Stunden); Kanurunde auf durchweg gut befahrbaren Fließen; leicht, auch für Familien mit Kindern geeignet.

Spreewälder Handwerkstour

Während des geführten 55-Kilometer-Rundkurses ab Lübbenau können die Teilnehmer Einblicke in das regionale Handwerk und Brauchtum gewinnen. So öffnen sich die Türen der Senfmanufaktur in Lehde, in der Holzpantoffelmacherei in Burg und bei einer Trachtenstickerei. In Schlepzig macht die Gruppe Halt an der Dreifachmühle in Schlepzig. Über Alt Zauche und Neu Zauche gelangen die Radler wieder nach Lübbenau. Die Tagestour ist jeden ersten und letzten Freitag im Monat (Mai–Sept.) im Programm und beginnt um 9 Uhr an der Touristinformation Lübbenau. **Dauer**: Etwa 8 Stunden.

Von Lübbenau über Lübben und Schlepzig zum Köthener See und zurück

Mit dieser Tour kann man von Lübbenau aus mit dem Boot in einer längeren Tour den Ober- und Unterspreewald erkunden. Von Lübbenau geht es in Richtung Lübben. Rund um Lübbenau hat der Massentourismus Einzug gehalten, besonders an den Wochenenden herrscht auf dem Wasser Hochbetrieb. Dazwischen kann es für die kleinen bunten Sportboote schon mal eng werden.

Die Mehrzahl der gewerbsmäßigen Spreewaldkapitäne grüßt freundlich und weicht

▲ Karte: hintere Umschlagklappe

aus, wenn sich ein Paddelboot im Zickzackkurs nähert.

Eine Stunde die Spree abwärts, und man begegnet nur noch vereinzelt Gleichgesinnten und wenigen Kähnen und kann sich ganz dem Naturgenuss hingeben. See- und Teichrosen, Wasserhahnenfuß und Gelbe Schwertlilie säumen die Uferzonen, aus denen manchmal ein Froschkonzert ertönt.

Vor dem Lübbener Schloss biegen wir in den Schlangengraben ein. Nahe dem Kahnfährhafen stehen mehrere Holzfässer mit der bekannten Spreewaldspezialität: Eingelegte Gurken, saure Gurken, Gewürz- und Senfgurken in vielfacher Variation. Holzbänke laden zum Rasten ein. Viele Schleusen an den Fließen müssen nicht selbst bedient werden. Große und kleine ›Schleusenwärter‹ verdienen sich etwas dazu. Es gilt als Sitte und freundliche Geste, einen kleinen Obolus auf die Mauer zu legen.

Am Gasthaus ›Petkampsberg‹ befindet sich ein kleiner Rastplatz für Wasserwanderer, wo man am ersten Abend das Zelt aufstellen kann. Kurz hinter Petkampsberg verästelt sich die Spree. Auf Puhlstrom und Quasspree dürfen nur nichtmotorisierte Wasserwanderer jeweils von Mitte Juni bis Ende Dezember paddeln, unübersehbare Schilder verbieten das Befahren mancher Fließe ganzjährig, denn hier blieb der urwüchsige Spreewald in seiner Schönheit erhalten und wird geschützt.

Im Schlepziger Fährhafen kann man anlegen, den Proviant ergänzen oder in einem Gasthaus einkehren. Natürlich werden auch in Schlepzig Gurken in verschiedenen Geschmacksrichtungen feilgeboten.

Bis Leibsch fährt man auf der Spree und biegt am neuen Wehr, der größten Anlage im Spreewald, in den Dahme-Umflutkanal ein. Nun geht es nicht einmal mehr halb so schnell vorwärts, selbst wenn die Paddel kräftig ausholen: Die Gegen-

Warten in der Schleuse bei Lübbenau

strömung stemmt sich gegen das Boot. Das künstliche Fließgewässer wurde kurz vor dem Ersten Weltkrieg fertiggestellt und diente zur Hochwasserableitung der Spree: In jener Epoche existierten weder Talsperren im Oberlauf noch Umflutkanäle im Spreewald.

Auf dem Köthener See kann man das Südufer mit Badestrand, die Jugendherberge mit Zeltplatz (Dorfstr. 20) oder Kühns Gasthaus ›Zum Köthener See‹ (Dorfstr. 17, Fr–So ab 12 Uhr, Tipp: Gemischte Fischplatte) ansteuern. Wer am östlichen Ufersaum bleibt, der von mannshohen Schilfbeständen begrenzt wird, findet bald den Randkanal, den südöstlichen Abfluss des Sees. Dank der Strömung kommt man schnell nach Groß Wasserburg. Auf der Wasserburger Spree fühlt man sich wie im Dschungel.

Auf dem Zerniasfließ kommt das Boot im Zeitlupentempo voran, die Strömung ist heftig. Von Schlepzig bis Lübben muss man wieder auf der Hauptspree fahren, erst kurz vor Lübbenau gibt es eine Alternative.

Länge: 70 Kilometer; nur für geübte Wasserwanderer mit drei bis vier Tagen Zeit. Übernachtung in Lübben, Schlepzig (Wasserwanderrastplatz Petkampsberg) und am Köthener See möglich.

Tausend Kilometer Schlittschuhfreuden

Im Januar und Februar verwandeln sich die Fließe in manchen Jahren in Schnellstraßen aus Eis. Von Leibsch im Norden bis Burg im Südosten winden sich tausend Kilometer für Kähne befahrbare Fließe. Nach tagelangem grimmigem Dauerfrost gibt es mindestens genau so lange Strecken fürs Schlittschuhlaufen. Wie auf ein geheimes Zeichen herbeigerufen kommen die Kufenflitzer aus nah und fern zum Großen Spreewaldhafen in Lübbenau, um das seltene Vergnügen auszunutzen. Schließlich besteht die Gelegenheit dafür nicht allzu oft.

Als Auslöser für den Eislaufsport im Spreewald erwies sich ein gräfliches Mitbringsel aus Dänemark. 1768 kehrte Rochus Friedrich zu Lynar von dort mit einem neuen Kammerdiener heim. Der Bedienstete war aus seiner nordischen Heimat mit Schlittschuhen vertraut und fand alsbald viele Nachahmer. Der Erste war er allerdings nicht: Auf etwa 1000 Jahre werden die Schlittknochen zurückdatiert, die am Burglehn bei Steinkirchen ausgegraben wurden. Im 19. Jahrhundert war das Eislaufen im Spreewald für Einheimische - auch Handwerker und Postboten - selbstverständlich, sogar die Feuerwehrleute rasten auf Kufen zu ihrem Einsatzort. Der Stoßschlitten war als winterlicher Lastenesel in Gebrauch, Schlittenschieber beförderten Kleinkinder und Ältere. Frieren mussten die Fahrgäste nicht, sie saßen eingehüllt von einer Decke auf einem Heupolster, an den Füßen spendete ein wohl temperierter Stein angenehme Wärme. Einige dieser Gefährte sind bereits wieder im Einsatz gesichtet worden.

Selbst wenn das Eis auf Meterdicke anwächst, gilt es nicht als völlig sicher. Auch die Wasserschutzpolizei hält sich im Spreewald wegen der unterschiedlichen Eisbedingungen bedeckt, so dass es nie eine öffentliche Freigabe der Fließe geben wird. Ganz sicher tragen die überschwemmten und dann spiegelglatten Wiesen. Doch manche Einheimische und Zugereiste haben nun lange genug warten müssen. Die Schuhe verschwinden im Rucksack. Etwas Proviant, Heißes in der Thermoskanne, Handy und eine Rettungsdecke, die auch eine geeignete Sitzunterlage zum Verschnaufen am Ufer abgibt, und vielleicht noch ein zweites dickes Paar Handschuhe sind von Vorteil. Jetzt kann das Eislaufen ins etwa 13 Kilometer entfernte Burg beginnen. Die Stationen: Richtung Lehde, hier nach rechts auf das Lehder Fließ, nach etwa 1 Kilometer nach links auf die Hauptspree bis nach Leipe, nach der Leiper Schleuse (Nr. 47) auf die rechte Seite wechseln, jetzt 3 Kilometer auf der Hauptspree und an der nächsten Fließgabelung nach links, nach weiteren 7 Kilometern auf der Hauptspree ist der Burger Spreehafen erreicht.

Zu beachten: Eigene Schlittschuhe sind mitzubringen. Die Tour von Lübbenau nach Burg und evtl. zurück wird nur für Geübte empfohlen; Zeitbedarf 4–6 Stunden.

Für Anfänger eignet sich die Strecke ins Dörfchen Lehde (von Lübbenau 2 km) mit mehreren Einkehrmöglichkeiten (am Wochenende auch Imbiss aus der Gulaschkanone und Heißgetränke auf dem Eis). An das Kratzen der Kufen sind auch Neulinge schnell gewöhnt. Experten kann selbst das gelegentliche laute Knacken und ›Singen‹ des Eises nicht schrecken. Wer sich auskennt, hört es am Ton. Spannungsausgleich im Eis ist normal und das Signal für freie Fahrt.

Informationen im Internet: www.schlittschuhlaufen-im-spreewald.de, www.wetter-im-spreewald.de, www.spreekapitaen.de

Lübbenau

Vorwahl: 03542; **PLZ**: 03222. www.luebbenau-spreewald.com.

Spreewald-Touristinformation Lübbenau e.V., Ehm-Welk-Straße 15, Tel. 3668.

Im Stundentakt nach Berlin und über Cottbus und Guben nach Frankfurt (Oder) sowie über Spremberg und Görlitz nach Zittau.

Schloss Lübbenau im Spreewald (€€-€€€), Schlossbezirk 6, Tel. 8730, www.schloss-luebbenau.de. Turm-Suite auf zwei Etagen und Auguste-Charlotte-Suite, Wellness im Schlosskellergewölbe mit Sauna und Dampfbad. Märchenhafte Kulisse für Traumhochzeiten, mit Standesamt im Balkonzimmer, organisiert vom Team der Schlossgeister. Zimmer im benachbarten Marstall, behindertengerecht sowie allergikerfreundlich, mit großem abgezäunten Garten.

Spree Chalet (€€€), Dammstr. 18, Tel. 9390740, www.spree-chalet.de. Luxuriöse Apartments der 5-Sterne-Kategorie zum moderaten Preis, komplette Wohnküche, im Hinterhaus großer Garten mit Obstbäumen, Liegewiese und Grillplatz. Haustiere nicht erlaubt.

Pension Spreewelten-Bahnhof (€€), Bahnhofstr. 3d, Tel. 889977, www.pension.spreewelten.de. Schlafen im Kunstwerk: Jedes der zwölf Zimmer wurde von Künstlern individuell gestaltet, mit Sagengestalten oder auch einem Spreewaldkahn. Frühstück bzw. Halbpension im Restaurant ›Mediterrano‹ im selben Gebäude.

Hotel & Restaurant Charleston (€€), Ehm-Welk-Str. 38, Tel. 8876854, www.charleston-spreewald.de. Modernes Ambiente mit Erinnerungsstücken an die 1920er Jahre. Spreewaldgerichte, aber auch mediterrane Küche; Apr.–Sept. tgl. 11.30–23, Jan.–März Di–Sa 11.30–14 und 17.30–23, Sa/So 11.30–23 Uhr.

Schlossrestaurant Linari, Tel. 873610. Feinschmeckerküche, auch Terrassenplätze an der Schlosswiese. Chefkoch Dirk Lehmann: »Unsere Speisekarte schreibt die Natur.« Öffnungszeiten unterschiedlich, besser vorher anrufen.

Restaurant und Café Orangerie (gegenüber vom Schloss), Tel. 8730, Gourmetküche zu bezahlbaren Preisen, jedes Wochenende ein 3-Gang-Menü für 14 Euro, auch Kindergerichte und Menüs für Allergiker. Ausgezeichnet mit dem Qualitätssiegel ›Brandenburger Gastlichkeit‹. Mai–Okt. Mo–Fr 12–22, Sa/So ab 11 Uhr. Wasserspielplatz in der Nähe.

Kartoffelgasthaus Knidle, Bahnhofstr. 26, Tel. 405295, www.knidle.de. Feinste Variationen von Kartoffeln. Tipp: Altdeutsche Kartoffelsuppe im Brotlaib und Kassler-Kürbis-Spieß mit Kartoffeln; Di–So 12–20 Uhr.

Brauhaus Babben, Brauhausgasse 2, Tel. 2126, www.babben-bier.de. April–Okt. tgl. ab 17 Uhr.

Restaurant & Café Kiebitz, Boblitzer Schulstr. 11, Tel. 3489, www.restaurant-kiebitz.de. Spezialität: Wechselnde Fischgerichte. Das Motto des Hauses: Natürliche frische Küche; Di–So 11.30–21 Uhr, Sept.–Mai Di–Fr 11.30–14.30 u. 17.30–20.30, Sa/So 11.30–20.30 Uhr.

Gasthaus Zum grünen Strand der Spree, Dammstr. 77, Tel. 2423, www.schwerdtners-kahnfahrten.de. Der größte Biergarten Lübbenaus.

Frischfischrestaurant Spreewaldidyll, Spreestr. 13, Tel. 41777, www.spreewald-idyll.de. Gegenüber Kirche und Sagenbrunnen (Wanderweg nach Wotschofska); Mo–Sa 10–22, So 10–20.30 Uhr.

Restaurant Mediterrano, Bahnhofstr. 3d, Tel. 9384988, www.mediterrano-luebbenau.de. Im Spreewelten-Bahnhof, große Terrasse, frische spanische und italienische Küche. Abende mit Livemusik (Terminkalender im Internet). Mo–So ab 15 Uhr.

Café & Restaurant Fontane, Ehm-Welk-Str. 42, Tel. 43594, www.cafe-fontane.

de; März tgl. ab 11.30 Uhr, Nov./Dez. Mo–Fr ab 17, Sa/So ab 14 Uhr, Jan./ Feb. geschlossen.

Gasthaus Zur Alten Mühle, Dammstr. 2a, Tel. 405500. Internationale Küche und Pfannkuchenhaus (30 verschiedene Geschmacksrichtungen).

Gasthaus Wotschofska, Wotschofska Weg 1, Tel. 03546/7601. Historisches Blockgasthaus mit Jäger- und Fischerstube sowie idyllischem Biergarten; Ostern–Ende Okt. tgl. ab 9 Uhr.

Campingplatz am Schlosspark Tel. 3533, www.spreewaldcamping.de. Geeignet für Wasserwanderer, direkt an der Hauptspree gelegen, Lagerfeuerplätze. Ferienhäuser und Campinghütten zu vermieten. 10 Minuten Fußweg ins Stadtzentrum. Schattige und sonnige Plätze. Tgl. frische Brötchen oder Frühstück bestellbar; ganzjährig.

Caravan-Camping Dammstr. 62, Tel. 2921, www.spreewald-caravan-camping.de. Kleiner Platz (0,4 ha) nahe der Altstadt im Hafenviertel, Wiese mit Bäumen; von Ostern bis 15. Okt.

Spreewald-Natur-Camping Am See, Ortsteil Hindenberg (7 km westlich von Lübbenau am Hindenberger See), Tel. 67539, www.spreewaldcamping.de. 15 ha, mit Gasthaus ›Kartoffelnest‹, Ferienhäuser- und Campinghüttenvermietung; ganzjährig.

Café Fontane, Ehm-Welk-Str. 42, Tel. 43594. Jan./Feb. geschlossen.

Mit dem Forscherkahn ›Nautilust‹ sind Einblicke, Beobachtungen und Untersuchungen in die Spreewälder Wasserwelt möglich. Infos: Tel. 403692, www.nautilust.net.

Spreewald-Museum im Torhaus, Am Topfmarkt 12, Tel. 2472; Apr.–Okt. Di–So 10–18 Uhr, Nov.–März 12–16 Uhr.

Haus für Mensch und Natur, Schulstr. 9, Tel. 89210. Dauerausstellung ›Kulturlandschaft und Biosphärenreservat Spreewald‹; Apr.–Okt. tgl. 10–17 Uhr, Feb./ März Mo–Fr 10–16 Uhr.

Pfarrkirche St. Nikolai, Mo–Fr 14–16 Uhr.

Spreewald Rabe, Calauer Str. 2b/OT Boblitz, Tel. 8933-0, www.rabe-gmbh.de. Die Firma ist traditionsreicher Hersteller von Gurkenkonserven; Betriebsrundgang nur während der Gurkenerntezeit (20. Juni–20. Sept.) Di, Mi u. Sa 10.30 Uhr, sonst nach Voranmeldung.

Bunte Bühne, Güterbahnhofstr. 61, Tel. 8896699, www.buntebühnelübbenau.de. Kleinkunstbühne mit Musik, Theater, Tanz und Show.

Alljährlich von Oktober bis Mitte November veranstalten Lübbenauer Gastwirte die **Fischzeit im Spreewald**: www.fischzeit-im-spreewald.de

Bootsverleih Petrick, Am Campingplatz Schlosspark, Tel. 3620, www.bootsverleihpetrick.de; Apr.–Okt. tgl. 8–19 Uhr.

Bootsverleih Richter, Dammstraße 76a, Tel. 03542/3764, www.bootsverleih-richter.de; März–Okt. tgl. ab 9 Uhr, auch Kanuverleih für Spreetouren bis nach Berlin sowie Rückholservice z.B. ab Berlin-Grünau.

Paddelbootverleih Franke, Dammstr. 72, Tel. 2722.

Bootsverleih Hannemann, Am Wasser 1, Tel. 3647.

Bootshaus Ringl, Kaupen 1, Tel. 2750. Auch Ferienhausvermietung, 8 Minuten Fußweg ins Stadtzentrum.

Kahnfahrten

Großer Spreewaldhafen Lübbenau, Dammstr. 77a, Tel. 2225, www.grosser-spreewaldhafen.de.

Kleiner Hafen am Gasthof Spreeschlösschen, Spreestr. 10a, Tel. 403710.

▲ Karte S. 56

Kahnfährmannsverein der Spreewaldfreunde e.V., Tel. 403710, www.spreewald-web.de. Im Angebot: 3-4-stündige Rundfahrt Lehde, 6-7-stündige Rundfahrt Leipe, 5-stündige Rundfahrt Wotschofska, 8-10-stündige Rundfahrt Hochwald.
Schwerdtner´s Kahnfahrten, Dammstr. 2a, Tel. 405500, www.schwerdtners-kahnfahrten.de; Mai-Okt. auch Abendfahrten (Sa 18 Uhr).
Kahnfährhafen im OT Boblitz, Tel. 2443.

Spreewelten, Alte Huttung 13, Tel. 894160, www.spreewelten-bad.de. Wellenbad, römisches Thermalbad, 14 Themensaunen, u. a. in mehreren 300-jährigen Holzhütten aus den Hochalpen, tgl. 19 verschiedene Aufgüsse. Natursole-Heilwasser-Außenbecken. Der Clou sind die zwölf Humboldtpinguinen – nur von einer Scheibe getrennt, darf man mit ihnen um die Wette tauchen; So-Do 9-22 Uhr, Fr/Sa 9-23 Uhr.

Einkaufscenter Kolosseum, Otto-Grotewohl-Str. 4a-e (in der Neustadt südlich der Bahnstrecke). 40 Fachgeschäfte; Mo-Fr 9-19, Sa 9-12 Uhr.

Osterreiten (zwischen Zerkwitz und Lübbenau, Ostersonntag ab 10 Uhr Kirche Zerkwitz, um 12 Uhr Freiluftgottesdienst in Ragow). **Internationale Folklorelawine** (Ende Juni). **Lichtnachtkahnfahrten mit Konzerten** (Juli, Aug., Sept.). **Spreewald- und Schützenfest** (1. Juliwochenende, mit Kahnkorso). **Rock in Wotschofska** – max. 1000 Gäste (Juli). **Spreewaldkonzerte** (Juli/Aug.). **Hafenfest** (Aug.). **Swingladen auf Schloss Lübbenau** (Okt.). **Spreewaldweihnacht** (Dez.).

Lehde (Lĕdy)

Das Gasthaus ›Zum fröhlichen Hecht‹ war bis in die 1930er Jahre ein bekannter Künstlertreffpunkt. Der Wirt war der Bohème gegenüber sehr aufgeschlossen, Maler waren teils Stammgäste und hielten sich oft über Wochen in Lehde auf. Darunter war auch Professor Woite, ein Kunstmaler aus Görlitz. Ihm ist die Namensgebung des Lokals zu verdanken, denn er lobte die vorzüglichen jungen Hechte aus der Küche und die heitere Stimmung im Gasthaus. Um es bekannter zu machen, empfahl Woite, Hausprospekte mit typischen Spreewaldmotiven an Künstlervereine zu verschicken. Die Kampagne hatte großen Erfolg: Viele Maler, auch aus dem Ausland, reisten darauf nach Lehde. Der kunstsinnige Professor richtete im Gasthaus ein für alle offenes Atelier ein, und aus und nach Lübbenau pendelte ein ›Spreeomnibus‹ im 15-Minuten-Takt – natürlich ein Kahn. Leider wurde das historische Gasthaus 1975 abgerissen und durch einen Neubau ersetzt. Aber noch immer herrscht oft Hochbetrieb, heute kommen die Touristen. Familiärer geht es im Gasthaus ›Oppott‹ zu, das an das Freilandmuseum angrenzt.

Theodor Fontane war bei seinen Wanderungen durch die Mark Brandenburg so fasziniert von diesem Fleckchen Erde, dass er es liebevoll »die Lagunenstadt im Taschenformat« nannte und schwärmte: »... ein Venedig, wie es vor 1500 Jahren gewesen sein mag. Man kann nichts Lieblicheres sehen als dieses Lehde, das aus ebenso vielen Inseln besteht, wie es Häuser hat. Die Spree bildet die große Dorfstraße, darin schmalere Gassen von links und rechts her einmünden«.

Bis heute hat sich daran nicht viel geändert, gerade mal 150 Einwohner leben hier; nur sind viel mehr Touristen unterwegs als zu Fontanes Zeiten. Bis 1929

Unterwegs bei Lehde

war das Dörfchen ausschließlich mit dem Kahn zu erreichen, so wie heute noch immer einige Gehöfte. Fließe sind hier die Hauptverkehrsstraßen, das erkennt man an den großen orangefarbenen Ortseingangsschildern am Ufer. Noch heute kommt die Post auf dem Kahn: Seit April 2012 heißt die Postbotin Andrea Bunar; sie ist die einzige Kahn-Postfrau in Deutschland. Von Montag bis Samstag stakt die Dame acht Kilometer auf dem Wasserweg, um ihre postalische Fracht ab Lübbenau in 65 Lehder Haushalten abzuliefern. Vom Frühjahr bis zum Herbst ist sie so gut 1000 Kilometer mit Muskelkraft unterwegs. Der Kahnpostbote bzw. die -botin steht in Lehde sozusagen unter Denkmalsschutz. Vor der Wende versah ein Mann den Dienst, dann 21 Jahre bis zu ihrem Rentenalter eine Frau und nun wieder eine Frau. Auch Schulkinder und Feuerwehrleute sind in Lehde noch mit dem Kahn unterwegs.

Freilandmuseum Lehde

Am Eingang zum Freilandmuseum Lehde präsentieren einheimische Handwerker ihre Waren, und man kann zuschauen, wie das eine oder andere kleine Kunstwerk entsteht, beispielsweise beim Korbflechten.

Im Museumsdorf sind ab 1957 typische Gehöfte aus der Mitte des 19. Jahrhunderts aus einem Umkreis von 35 Kilometern zusammengetragen worden, die man hier mit wenigen Schritten erreicht. Eine Führung, der man sich zwanglos anschließen kann, gibt Einblick in das frühere Leben der Bewohner.

Das große **Wohnstallhaus** nahe dem Kassenhäuschen steht bereits seit etwa 200 Jahren an Ort und Stelle. Es ist auf Eichenpfählen gegründet, darauf ruhen Steine, die das Blockhaus tragen. Es ist so verschränkt erbaut, dass man es umtragen könnte. Die Erhöhung sorgt dafür, dass das Holz keinen Bodenkontakt hat. Errichtet ist es aus Erlenholzstämmen. Die wurden zuvor für zwei bis drei Jahre ins Wasser gelegt, die Spree imprägnierte das Holz auf natürliche Art. Die Windbretter am Giebel sind mit Schlangenköpfen verziert. Die Spreewälder und die Ringelnattern hatten einst ein besonderes Verhältnis: Die Nattern bevorzugten sonnige und trockene Plätze zum Nisten – das waren auch die begehrten Bauplätze der Siedler, und so einigte man sich: Das Haus bekommt

Großes Familienbett im Freilandmuseum

▲ Karte: hintere Umschlagklappe

In der alten Kahnbau-Tischlerei

Beine, und die Ringelnatter darf nun unter den Wohnungen nisten oder verweilen. Das reetgedeckte Haus besitzt einen First aus Roggenstroh, das biegsamer als Schilf ist. Ein solches Dach hält etwa 10 bis 15 Jahre.

Da es im Spreewald wenig idealen Baugrund gab, waren die Bauernhäuser sehr kompakt konstruiert. Am Eingang in der Mitte befindet sich die Sommerküche, links der Wohnraum, der einzig beheizbare Raum, in dem im Winter auch gekocht wurde. Ehepaare hatten nicht selten 10 Kinder, und neben Mutter und Vater lebten oft auch noch die Großeltern unter dem gemeinsamen Dach; alle sammelten sich in der Kälte in diesem Raum! Heute ist kaum noch vorstellbar, dass die Bauerngroßfamilie in einem gemeinsamen Bett schlief, dessen Matratzen und Decken mit Stroh gestopft waren. Nur jung vermählte Eheleute durften ihre Flitterwochen auf dem Heuboden verleben, dann ging es zurück ins Familienbett. Die Kleinsten ruhten in der Kiste davor (daher auch der Ausspruch: »Nun aber ab in die Kiste«). Selig schlief wohl nur das Baby in der Wiege. Auch der Begriff ›Gardinenpredigt‹ hat hier seinen Ursprung: Das war eine Schimpftirade am Bett, das mit Gardinen vor Blicken geschützt wurde. Das Familienbett ist nur noch eine Kopie. In der Silvesternacht 1972/73 entzündete eine Rakete das Schilfdach, und auch das große Originalbett wurde ein Opfer der Flammen. Im Durchgang hängt ein Krauthaken, denn jeder Bewohner war für das Entkrauten der Fließe an seinem Grundstück verantwortlich. Ohne regelmäßige Pflege wären die Wasserläufe schnell zugewachsen.

Auf der rechten Hausseite, im Wohnstall, lebten die Kühe. Eng mit den Schweinen zusammenleben wollte wegen des Geruchs niemand, und daher steht mit gewissem Abstand vom Haus ein kombinierter Schweine-, Schaf- und Hühnerstall. Das Federvieh war in der oberen Etage untergebracht, wo es auch vor dem Fuchs sicher war.

Schräg gegenüber dem Wohnstallhaus befindet sich die älteste **Kahnbau-Tischlerei** des Spreewaldes, 1884 gegründet. Davor kann man einen Einbaum bestaunen, die Urform des heutigen Spreewaldkahnes. Er wurde aus einer 200-jährigen Eiche ausgehauen, die man 1816 fällte. Einbäume aus Eichenholz nannten die Wenden ›Dubownik‹, diejenigen aus einer Pappel ›Pawnik‹. Erst im Verlauf des 19. Jahrhunderts ersannen Dorftischler, Schreiner und Zimmermänner den heutigen Spreewaldkahn aus Brettern. Das war anfangs eine große Tüftelei, denn das neue Gefährt musste gut im Wasser liegen und leicht steuerbar sein. Bug und Heck sind nicht spitz zulaufend wie ›normale‹ Kähne, sondern stumpf. Das Spreewälder Exemplar ist am Bug breiter als am Heck, um an seichten Stellen gut anlegen zu können.

In der Vergangenheit wurden die Kähne zumeist als Transportkähne für große und schwere Lasten benötigt, an den Kahntourismus war noch nicht zu denken. Für den Spreewaldkahn der neuen Generation bewährte sich bis zum Ende des Zweiten Weltkrieges das Holz ostpreußischer Kiefern. Drei Kahntypen entstanden: Der kleine Fischerkahn, der Mittelkahn und der große Ochsenkahn. Die Tischlerei Koal war hier bis 1992 tätig. Heute ist sie in der Lehder Dorfmitte ansässig und wird in fünfter Generation von der einzigen Kahnbautischlerin Deutschlands weitergeführt. Die Kähne werden aus Brettern von 120–140-jährigen Kiefern zusammengesetzt, die traditionell über offenem Feuer gebogen werden. Ein großer Kahn ist etwa 10 000 Euro wert (1905 kostete ein Kahn 60 Mark).

Eine **Meerrettichreiberei** kann ebenfalls besichtigt werden. Das sonderbare Gemüse war die Medizin der Spreewälder gegen Fieber, Gicht, Kopf- und Zahnschmerzen. Für Heilzwecke zerschnitt man die Stangen und legte sie in Alkohol ein. Der Anbau ist seit dem 16. Jahrhundert dokumentiert und eine körperliche Tortur. Im Frühjahr werden die Senker in vorgestochene Erdlöcher – Fechser oder Schwigatze genannt – geschoben. Die Senker werden im Juni herausgezogen, von Seitentrieben befreit, damit sie kernig und dick werden, und kommen erneut in die Erde. Geerntet wird im Oktober mit dem Spaten, wenn die Wurzel idealerweise so lang ist wie ein Spreewaldkahn breit. Die Nebenwurzeln sticht man ab. Sie werden noch später mit der Schwigatzgabel aus dem Boden geholt,

Stilechte Ankunft am Freilandmuseum

▲ Karte: hintere Umschlagklappe

um in einer Erdmiete als neues Saatgut dem Frühjahr entgegenzuschlummern. Da frisch geerntete Meerrettichstangen keinen verkaufsfördernden Anblick bieten, werden sie regelrecht geputzt und anschließend gebündelt. Bis in die Mitte der 1930er Jahre wurde das Gemüse ausschließlich in Stangen gehandelt. Dazu kam der Meerrettich in Fässer mit Sand. 1937 konservierte man erstmalig geriebenen Meerrettich in Gläsern – in eben dieser Reiberei der Familie Karl Koal. Damit der Meerrettich keine braune Farbe annimmt, gibt man seither etwas Benzolsäure dazu.

Das zweite Gehöft stammt aus Burg, einer ausgeprägten Streusiedlung. Auf 35 Quadratkilometern leben nur 4300 Bewohner. Das Ensemble besteht aus **Doppelstubenhaus** (Nr. 31), **Kahnschuppen**, **Stallgalerie** und **Stallscheune**. Die Einrichtung führt in die Zeit um 1930, soeben wird hier eine wendische Hochzeit vorbereitet. Einst galt schwarz als Farbe des Glücks, weiße Stoffe zeigten Trauer an, und grün war die Farbe der heiratsfähigen Jungfrauen. Im hinteren Raum ist ein Kriechkeller unter einem Podest zu sehen. Mägde und Knechte schliefen in separaten Kammern ebenerdig oder im Obergeschoss der Stallscheune/Stallgalerie. Sie mussten nachts die Kühe bewachen und sofort zu den Tieren eilen, falls es Zwischenfälle gab. Charakteristisch für ein Stallgalerie sind die geschwungenen Andreaskreuze.

Hielt es eine Magd neun Jahre bei einem Spreewaldbauern aus, stand er in der Pflicht, dem Mädchen eine bunt bemalte Truhe zu schenken sowie die kompletten Hochzeitskosten zu übernehmen. Unter einer großen Kastanie befindet sich im Sommer der Waschplatz. Hier können Besucher erfühlen, wie Wäsche noch vor 50 Jahren ohne vollautomatische Waschmaschine wieder weiß wurde und wie schwer zwei Eimer voll Wasser werden können, wenn sie auf die Schultern drücken. Karg wirkt die Knechtkammer: Bett, Stiefelknecht, eine kleine Kommode, Haken, Schemel und zwei Wandregale – das war´s.

Das **dritte Gehöft** stammt aus dem Spreewaldrandgebiet um Märkisch-Heide. Jung und Alt lebten nicht mehr in einem Raum gemeinsam, es gab das Altenteil und den Hof des Jungbauern. Hier ist die älteste sogenannte Schwarze Küche des Spreewaldes zu sehen, sie stammt aus dem Jahr 1764. In der Wohnstube gefällt der Kachelofen mit Sitzbank. Das hintere Zimmer war gleichzeitig auch Sterbezimmer der Bewohner. In wendischer Sprache steht geschrieben: »Zakaj na togo knĕsa« (Warte auf den Herrn).

Der **nördlichste Hof** mit Wohnhaus und Gemüsegarten gehörte einer wohlhabenden Bauernfamilie aus Lehde. Man konnte sich bereits eine holzvertäfelte ›gute Stube‹ leisten. Hier ist auch der **Museumsladen** zu finden.

Hinter dem Hof gelangen Gäste ohne Umweg zum **Gasthaus Oppot** und zum einzigen **Gurkenmuseum** Deutschlands mit originalen Eichen- und Buchenholzfässern, die aus der Wende zum 20. Jahrhundert stammen. Diese konnten bis zu 3,5 Tonnen fassen. Nebenbei erfahren die Besucher viele Details zum Gurkeneinlegen und Konservieren. Als Kostprobe wird eine ›Königsgurke‹ angeboten, geschmacklich kreiert von den alljährlich wechselnden Gurkenköniginnen.

Wer wissen möchte, wie die Spreewälder vor etwa 150 Jahren die Weihnachtszeit feierten, sollte sich zur ›Spreewaldweihnacht‹ nach Lehde begeben. In den Höfen des Museums leuchtet es in den Stuben, der traditionelle Drehbaum wird geschmückt, man bäckt, kocht, spinnt und schleißt Federn: Dabei werden die Daunen von den Gänsekielen getrennt.

Wanderung von Lübbenau nach Lehde

Vom Marktplatz in Lübbenau führen mehrere Wanderwege nach Lehde/Leipe, so auch der blau markierte Rad- und Wanderpfad, der ein Teilstück des Europawanderweges 10 (Kap Arkona–Mittelmeer) ist. Die Landverbindung nach Leipe wurde erst 1936 angelegt, zuvor war der kleine Ort nur auf dem Wasserweg erreichbar. 3000 Reichsarbeitsdienstler schufteten hier drei Jahre lang mit Schippe und Spaten.

Nach etwa 20 Minuten Wegstrecke weist eine grüne Markierung nach links, nach Lehde. Hier sind noch drei ›Bänke‹ zu überqueren, und bald befindet man sich nahe dem Gasthaus ›Fröhlicher Hecht‹ und am Freilandmuseum Lehde.

Länge: Lübbenau–Lehde 2 Kilometer. Einfache Tour, auch mit Kindern zu empfehlen.

Lehde

Vorwahl: 03542; **PLZ**: 03542.
www.spreewald-lehde.de.

Hotelanlage Starick (€€– €€€), An der Dolzke 4 + 6, Tel. 89990, www.spreewald.com. Vier individuelle Spreewaldhäuser im Landhausstil, auch moderne Apartments. Mit den Gasthäusern ›Hirschwinkel‹ (hier gibt´s Spreewälder Fischsülze mit Königsgurken und Bratkartoffeln), ›Quappenschänke‹ (hier wird auch das Fischerfrühstück aufgetischt: Quappe in Butter gebraten, mit gebutterten Apfelscheiben und Rosmarinkartoffeln), ›Oppot‹ und dem ›Fischkasten‹ mit einem Weinkeller.

Logierhaus Lehde (€€), Tel. 2782, www.zumhecht.com. Historisches Blockhaus von 1900 gegenüber dem Freilandmuseum – ein Schmuckstück! Hübsche Zimmer mit Balkon und Blick aufs Fließ, großes Bad. Idyllischer Ruhe- und Grillplatz am Haus.

Wellness mit Pension In Harmonie, An der Dolzke 4, Tel. 879072, www.in-harmonie-spreewald.de. Verwöhnarrangements mit verschiedenen Massagen, auch Entschlackungswoche und Kosmetik.

Gasthaus und Fahrradrasthof Bludnik (€€), An der Giglitza 4a, Tel. 8879236, www.bludnik.de. Benannt nach einer Fabelfigur, dem Irrlicht. Etwa 100 Meter vom Freilichtmuseum entfernt, am Gurkenradweg. Ferienwohnungen mit Fußbodenheizung. Fahrrad- und Paddelbootausleihe, gute Spreewälder Küche.

Gasthaus Kaupen No 6, Auf den Kaupen Nr. 6, Tel. 47897. Spreewaldblockhaus von 1848 an der Hauptkahnroute zwischen Lübbenau und Lehde. Mittelpunkt der Blockstube ist die alte Kochmaschine, ein Kachelofen mit Herd. Backröhre und Wasserbehälter ermöglichen die Zubereitung von Speisen, es ist ständig für heißes Wasser gesorgt. Hauseigene Senfmanufaktur (Mai–Okt. jeden Di um 18 Uhr ›Senfabend‹ – viel Wissenenswertes rund um das Thema Senf). Kinderspielplatz am Haus. Sitzplätze in der Blockstube, der Dachkammer und im Biergarten. Lübbenauer Babben Bier vom Fass; im Sommer tgl. 11–22 Uhr.

Gasthaus Oppott, am Freilandmuseum Lehde, Tel. 2844. Nur mit dem Kahn oder Paddelboot oder zu Fuß zu erreichen. Entenspezialitäen, Spreewaldgerichte und Spreewälder Hefeplinse.

Freilandmuseum Lehde, www.freilandmuseum-lehde.de; Apr.–Okt. tgl. 10–18 Uhr.

Lehder Bauernhaus- und Gurkenmuseum, An der Dolzke 6, Tel. 899960; Apr.–Okt. tgl. 9–18 Uhr.

Lehde-Fest (Sept.), **Kürbis- und Herbstmarkt** (Okt.), **Lübbenauer Musiknacht** (Okt.), **Fischzeit im Spreewald** (Okt./Nov.). **Spreewaldweihnacht** (Anfang Dez., www.spreewaldweihnacht.de).

▲ Karte: hintere Umschlagklappe

Leipe (Lipje)

Ein hübscher Wanderpfad führt von Lübbenau, an Lehde vorbei, nach Leipe. Der 6,5 Kilometer lange malerische Weg ist grün, später blau gekennzeichnet; Birken, Erlen und Eichen säumen ihn. Wer mag, kann schließlich in Leiper Gasthäusern einkehren, so in der ›Fischerhütte‹ im Spreewaldhof gleich neben der ersten Bank oder im ›Froschkönig‹. Das Dorf liegt auf einer Talsandinsel etwa zwei Meter über der sumpfigen Umgebung. Der Name wird von den hier wachsenden Linden abgeleitet, wendisch/sorbisch lipa.

Der 24. Juni 1791 hat sich tief in die Ortsgeschichte eingebrannt: Da legte ein ›wilder Knecht‹ mutwillig Feuer – sogar die Kähne und Fischkästen brannten, nur drei Häuser blieben verschont. Dieses traurige Ereignis bescherte der Leiper Feuerwehr über Generationen regen Zulauf, obwohl es später keinen verheerenden Brand mehr gab. Noch heute ist fast jeder fünfte Bewohner

Dieser romantische Weg führt nach Leipe

Spreewaldhof mit Anlegestelle in Leipe

Kamerad/in bei der Spritzenwehr, von 158 Einwohnern sind das 23 Männer und sieben Frauen, dazu vier Kinder in der Jugendfeuerwehr.

Bis 1936 war das Dorf nur auf dem Wasser zu erreichen, dann wurde der Fußweg zwischen Lübbenau und Liepe vollendet. Noch bis in die 1960er Jahre waren die Bewohner gezwungen, ihr Trinkwasser aus der Spree zu schöpfen; erst 1964 erhielt Leipe Anschluss an die zentrale Trinkwasserversorgung. Im Nebenerwerb wird noch heute Fischerei betrieben, ansonsten Gemüsebau und Viehzucht. Die Dörfler besitzen einen nicht zu verachtenden Vorteil: Ihre höher gelegene Spreeinsel wurde nie von Hochwasser überflutet.

In den **Gasthäusern** werden spreewaldtypische Gerichte serviert: Hecht in Spreewaldsoße, Pellkartoffeln mit Leinöl und Quark oder Spreewälder Hefeplinse.

Wer nach der Einkehr zu behäbig geworden ist für einen Rückmarsch, kann einen Kahn zurück nach Lübbenau nehmen: Hat man sich rechtzeitig angemeldet, besteht direkt vom Gasthaus ›Froschkönig‹ aus die Möglichkeit dazu.

Leipe

Vorwahl: 03542; **PLZ**: 03226. www.leipe-im-spreewald.de.

Spreewaldhof Leipe (€€), Leiper Dorfstr. 2, Tel. 2805, www.spreewaldhof-leipe.de. Ein Zimmer mit Kamin sowie sieben weitere DZ, Mini-Campingplatz, fahrradfreundlich (Bett & Bike-Herberge), günstig für Wasserwanderer, da direkt am Fließ. Hofladen tgl. 8–22 Uhr, Fischerstübchen tgl. ab 12 Uhr. Paddelboot- und Fahrradvermietung sowie ganzjährige Kahnfährgelegenheit. Kinderspielplatz und kleiner Streichelzoo.

Gasthaus Froschkönig in Leipe, Dorfstr. 17, Tel. 403940, www.spreewald-froschkönig.de.

Kahnfährhafen Leipe, Hafenbüro, Leiper Dorfstr. 12, Tel. 871808.

Hofladen Schwalbennest, Leiper Dorfstr. 10, auch Imbiss mit Kaffee, Kuchen, Schmalzbrot und Gurken; Apr.–Okt. tgl. 10–19 Uhr.

Spreewaldhoffest (Aug.), **Kürbisfest** (Sept.).

Alt Zauche (Stara Niwa)

Alt Zauche wurde um 1200 vom Grafen von Zauche am heutigen Rand des Oberspreewaldes gegründet, besitzt noch viele Fachwerkhäuser, ist von Erlenwald und Wiesen umgeben und liegt abseits des Massentourismus. Früher war der Ort oft von Hochwasser bedroht; daher wurde in den 1950er Jahren der Nordumfluter gebaut. Mit dem Hochwasserschutz war das Dorf vom Spreewald abgeschnitten. Vom neuen Kahnfährhafen am Nordumfluter werden jetzt wieder Touren in den herrlichen Hochwald mit seinen bis zu 38 Meter hohen Erlen, zum Gasthaus ›Wotschofska‹, zur ›Pohlenz-Schänke‹ und ins Freilandmuseum Lehde angeboten (2–7 Stunden). Daher hat der historische Werbespruch wieder seine Berechtigung: »Drum fahre man nach altem Brauche in den Spreewald nach Alt Zauche.«

Allerdings wird ein merkwürdiges Deutsch gesprochen, in Alt Zauche wohnt man ›in Dorf‹, ›geht uff Siedlung‹, besucht jemanden ›in Lücke‹ oder fährt ›in Mühle‹ – daher auch der Name des Gasthauses. Das **Gasthaus In Mühle** ist neu, aber ein echtes Spreewaldblockhaus. Die Pappelholzbohlen wurden 2003 gefällt, zwei Jahre gelagert, dann in 14 Zentimeter dicke Bohlen geschnitten und nochmals zwei Jahre gelagert. Für den Innenausbau verwendete man 100-jährige Balken aus Abrissscheunen der Umgebung.

Wanderung von Alt Zauche zur Pohlenzschänke

Vom Dorfplatz in Alt Zauche folgen wir der grünen Markierung in Richtung Wußwerk. Nach 400 Metern biegen wir rechts auf den asphaltierten Mühlweg ab. Wir überqueren die Brücke über den Nordumfluter und biegen 700 Meter weiter an der Kreuzung rechts ab. Der Weg führt einen Kilometer lang in Richtung Lübben, dann nach links auf die Pappelallee; nach 800 Metern biegen wir erneut links ab. 500 Meter weiter wechseln wir nach rechts auf den Plattenweg und gehen auf der Brücke über das Große Fließ. Die letzten sechs Kilometer laufen wir nur geradeaus, bis wir die idyllisch gelegene ›Pohlenzschänke‹ erreichen.

Mitte des 18. Jahrhunderts baute sich Christian Pohlenz hier ein Blockhaus, spä-

▲ Karte: hintere Umschlagklappe

ter wurde eine Schankstube errichtet und der Bau erweitert. Heute gilt das Haus als ältestes Wirtshaus im Spreewald. Der Altwendische Saal, Schinkelsaal genannt, entstand nach Zeichnungen des berühmten Architekten. Hier sind mehrere Wandgemälde des Dresdner Kunstmalers Heynemann aus dem Jahr 1902 zu sehen, mit Bauten und Landschaften nahe der Pohlenzschänke. Der königliche Baumeister war aber nie hier: Ein Herr Pohlenz war am Bau der neuen Straupitzer Kirche beteiligt und bat Schinkel um Skizzen für einen größeren Gasthaussaal. Weitere Plätze sind das Jagdzimmer, die Fährmannstube und bei schönem Wetter der große Biergarten unter Bäumen. Von hier kann man sich – nach Vorbestellung – im Kahn zurück nach Alt Zauche bringen lassen; wer laufen mag und nicht die gleiche Strecke zurück nehmen will, läuft den markierten Weg zur ›Wotschofska‹ und von dort zurück nach Alt Zauche.

Länge: 11 Kilometer (Alt Zauche–Pohlenzschänke), 12 Kilometer (Pohlenzschänke–Wotschofska–Alt Zauche), insgesamt 23 Kilometer (5–6 Stunden).

Alt Zauche

Vorwahl: 03546; **PLZ**: 15913.
www.altzauche.de

Scheunenpension Am alten Erlkönig (€€), Mühlweg 11, Tel. 2668, www.spreewald-lux.de. Der Hausherr stakt seine Gäste selbst über die Fließe.

Pension Brodack (€€), Hauptstr. 33, Tel. 2652, www.brodack.de. Übernachten im ehemaligen Bauernhof mit 4-Sterne-Komfort. Frühstück im ehemaligen Kuhstall, Wellness in der alten Scheune. Auf Wunsch Abholung vom Bhf. Lübben mit dem Kremser. Kutsch- und Kremserfahrten.

Gasthaus In Mühle, Mühlenweg 2b, Tel. 934776, www.gasthaus-in-muehle.de. Blockhaus mit Biergarten, direkt am Gurkenradweg, Tipp: Schlepziger Pils und Quark-Lein-Kuchen; Apr.–Okt. tgl. 12–22 Uhr, Nov.–März Mo–Sa 18–22, So 12–22 Uhr.

Liste der Kahnfährmänner unter www.fremdenverkehrsverein-alt-zauche.de.

Neu Zauche (Nowa Niwa)

Neu Zauche ist so neu gar nicht, die Siedlung wurde bereits 1334 erstmalig erwähnt. Im 16. Jahrhundert lockte Graf Houwald einige Weinbauern aus dem Rheinland nach Neu Zauche, denn der Graf wollte Wein in den eigenen Besitzungen anbauen lassen. Der Versuch scheiterte, der Neu Zaucher Weinberg aber kündet noch heute davon.

Im Ort steht eine interessante **Kirche**. Der kreuzförmige Backsteinbau in gotischem Stil wurde Mitte des 19. Jahrhunderts auf einem Vorgängerbau errichtet. 1000 Gläubige finden darin Platz. Der Baumeister, Alexander Flaminius, war ein Schüler Schinkels. Im Pfarrgarten versteckt sich ein spätmittelalterlicher Taufstein, und hier steht, einzigartig selbst im Spreewald, ein Kahn am Kircheneingang. Während des Zweiten Weltkriegs wurde die Kirchenglocke von 1498 zum Einschmelzen nach Berlin transportiert, man fand sie aber 1949 im Stadtteil Tempelhof unversehrt wieder auf.

Kurz vor der Wende eröffneten Ute und Steffen Langer die **Spreewälder Kerzenmanufaktur**. Alle Formen stellen sie selbst her, mittlerweile sind es an die 50. Der Verkaufsrenner ist die Spreewaldgurke mit zwei Dochten, die Spreewälderin in Tracht sowie ein täuschend

Sieht alt aus, ist aber neu: das ›Gasthaus in Mühle‹

echt aussehender Pflasterstein. Hier kann man auch Kindergeburtstage feiern, Schulklassen und Behindertengruppen werden gern bei eigenen Versuchen angeleitet.

Im Dorf arbeitet auch die Modedesignerin Laila Bauer, die sich augenfällig vom Spreewald inspirieren lässt. So sind in ihrem **Atelier** auch ein Porzellan- und ein Königinnenkleid zu bestaunen. Laila ist ein Mädchenname aus Lappland und bedeutet ›Die dunkle Nacht‹. 1999 wurde das Label ins Leben gerufen, namensgebend dafür war der erste Vorname der Gründerin. Frau Bauer entwirft Kleider für den besonderen Anlass. Sie arbeitet mit zahlreichen Lausitzer Manufakturen zusammen und ist auf wandelbare Mode spezialisiert, die in wenigen Minuten von Business- zum Event- oder Galakleid verändert werden kann.

Der **Hafen Neu Zauche Kannowmühle**, am Rande des Hochwaldes, ist von Neu Zauche knapp sechs Kilometer entfernt. Eine kleine Straße führt bis an die Brücke über den Nordumfluter, am anderen Ufer etwa 300 Meter weiter auf einem Fahrweg bis zum Ziel. Kenner meinen, Neu Zauche besäße die schönste Kahnabfahrtsstelle im Spreewald.

Wer mit dem Fahrrad weiter nach Alt Zauche möchte, fährt den Weg weiter geradeaus, bis zur nächsten Brücke, hier rechts und am anderen Ufer weiter zum Kahnfährhafen Alt Zauche oder in das Dorf.

Neu Zauche

Vorwahl: 035475; **PLZ**: 15913.

Wellness-Pension Romantik (€€), Cottbuser Str. 17a, Tel. 348, www.wellness-pension-romantik.de. 3-Sterne-Superior-Kategorie mit romantischen Zimmern. Sauna und Schwimmteich; Restaurant Di–Sa 17–21.30, So 17–20.30 Uhr.

Gasthof zum Oberspreewald (€€), Brunnenplatz 11, Tel. 468, www.zumoberspreewald.de. Wellness-Pension, gute deutsche Küche, im Sommer auch Terrassenbetrieb; tgl. ab 10 Uhr (im Winter verändert, vorher anrufen).

Organisation von Spreewaldkahn- und Kremserfahrten, Grill-, Folklore- und Tanzabend, Fahrradausleihe. Kegelbahn am Haus.

Gasthaus Zur Radfahrerstation, Caminchener Dorfstr. 13, Tel. 804933.

Spreewälder See-Camping Briesensee, Ortsteil Briesensee, Am See 2, Tel. 03546/7676, www.spreewaelder-seecamping.de. Acht Hektar an einem Waldsee mit schönem Badestrand, 10 km von Lübben entfernt. Apr.-Okt.

Spreewälder Kerzenmanufaktur, Siedlung 19, Tel. 582; Di-So ab 11 Uhr.

Atelier & Logistikzentrum Laila, Cottbuser Str. 4b, Tel. 0171/1224466, www.laila.at.

▲ Karte: hintere Umschlagklappe

Verschwinden die Schwarzerlen aus dem Spreewald?

Die alten Spreewälder nennen sie liebevoll ›Else‹. Gemeint sind die Schwarzerlen, die dem Spreewald seine besondere Prägung verleihen. Das mittelharte und rötlich schimmernde Holz der Schwarzerle gilt als eines der besten der Welt, vor allem die Möbelindustrie verwendet es gern. Teile der Lagunenstadt Venedig stehen neben Eichen- auch auf Erlenstämmen. Diese Baumart wird bis zu 100 Jahre alt, bis zu 35 Meter hoch, besitzt einen klassisch geraden Wuchs und erreicht maximal einen Meter Stammumfang. Das flächenmäßig größte Vorkommen Deutschlands findet sich - noch - im Hochwald, der auch unter dem Namen Neu Zaucher Spreewald bekannt ist. Dieser Erlenhochwald ist keines natürlichen Ursprungs, sondern wurde auf sogenannten Rabatten angepflanzt. Dazu wurden Gräben ausgehoben, auf den Sanddämmen beidseitig der Gräben konnten dann die Erlensetzlinge gedeihen. Die Arbeit war notwendig, weil für die selbstständige Vermehrung dieser Baumart Sandboden eine Grundvoraussetzung ist, man im Spreewald aber in der Regel eine etwa 30 Zentimeter starke Humusbodendecke vorfindet.

Jahrzehntelang war der Hochwald der Stolz aller Spreewälder, nun aber blickt das große Waldstück einer ungewissen Zukunft entgegen. Auf fast 300 Hektar – das entspricht über 200 Fußballfeldern - ist das Siechtum nicht zu übersehen: Die Erlen sterben. Hauptschuld trägt die Staunässe, die durch extreme Niederschläge 2010 und 2011 hervorgerufen wurde. Die Wassermengen drohten mehrfach die Spremberger Talsperre zu überfluten. Daher musste der Abfluss der Spree entsprechend erhöht werden, was schließlich auch den Nordumfluter am Nordrand des Oberspreewaldes überlastete. Das Wasser flutete daher auch den Hochwald und floss nur sehr langsam wieder ab. Stehendes Wasser ist sauerstoffarm, die Wurzelknöllchen der Schwarzerlen, die auf Sauerstoff angewiesen sind, begannen zu faulen. Mancher Baum war ohnehin geschwächt, weil sich im Spreewald seit einem Jahrzehnt auch die Pilzkrankheit Phytophthora alni ausbreitet. Das sind schwarzbraune und nässende Flecken, die am Stammanlauf beginnen und sich später stammaufwärts ausbreiten. Schließlich vereinen sich die Flecken und bilden sogenannte Teerflecken, aus denen die Erle stark blutet.

Unter den Experten wird nun heftig gestritten: Soll der Wiederaufforstung der Vorzug gegeben werden oder überlässt man die Arbeit der Natur selbst? Soll man tote Bäume fällen oder die abgestorbenen Zonen zum Totalreservat erklären?

Ganz aussterben wird dieser typische Baum der Kulturlandschaft Spreewald wohl nicht, denn auf vielen Schwemmsandflächen findet die Erle auch ohne menschliche Hilfe einen geeigneten Platz zum Wachsen.

Gefällte Erlen im Neu Zaucher Hochwald

Raddusch (Raduš)

Der Flecken, an dem sich heute das Dorf Raddusch befindet, war schon in der Mittelsteinzeit (8000 v. Chr.) besiedelt: Man entdeckte ein Lagerplatz der Sammler und Jäger am Schwarzen Berg. Aus der Bronze- und frühen Eisenzeit ist sogar ein Friedhof nachgewiesen. 1937, während des Baus der Autobahn, fanden Archäologen zwei Gräberfelder aus der jüngsten Bronzezeit (etwa 800 v. Chr.), die Fundstücke werden seitdem im Museum für Ur- und Frühgeschichte in Berlin aufbewahrt. Im Frühmittelalter errichteten Slawen in der Nähe einen großen Ringwall. Anfang des 14. Jahrhunderts gründeten deutsche und wendische Bauern das Dorf Raddiß, das heutige Raddusch. Der Ortsname ist wendisch und bedeutet Dorf des Radus, er geht auf eine hier ansässige Familie zurück. Ab dem Jahr 1503 zählte das Dorf zu den Besitzungen der Herrschaft in Lübbenau und entwickelte sich prächtig. Viele Einwohner brachten es zu Wohlstand, wovon die herrlichen historischen Radduscher Frauentrachten künden. Beim alljährlichen Radduscher Reiterfest am letzten Augustwochenende werden alte Erntebräuche wieder lebendig. Dann tragen auch die Radduscher Mädchen ihre Festtagstracht.

Die Slawenburg

▲ Karte: hintere Umschlagklappe

Sehenswürdigkeiten

Die Gäste zieht es zum nordwestlich des Ortes befindlichen 65 Meter hohen **Schwarzen Berg** (wendisch: Carna gora), ein Relikt der letzten Eiszeit, oder zum 1999 angelegten **Naturhafen**. Hier beginnt das Fließ ›Radduscher Kahnfahrt‹, das den Ort mit dem Fließgewässernetz des Spreewaldes verbindet.

Radduscher Hauptattraktion ist der Nachbau einer **Slawenburg**. Vor über 1000 Jahren bauten die slawischen Lusici am Rande des Spreewaldes eine Ringburg, deren Reste von 1984 bis 1990 ausgegraben wurden. 1991 stoppte der Braunkohletagebau kurz vor der Grabungsstätte, und so blieb der Originalstandort erhalten. Ähnliche Burgwälle slawischer Vorfahren fand man im Spreewaldraum bei Lübben, Beuchow, Ragow, Kittlitz, Werben, Zahsow und Zinnitz. In den 1990er Jahren konnte der Radduscher Ringwall im Rahmen der Internationalen Bauausstellung ›Fürst-Pückler-Land‹ rekonstruiert werden. Die Wallmauer aus Lehm, Eichenstämmen, Weidengeflecht und einem unsichtbaren modernen Betonkern ist sieben Meter hoch. Hinein gelangt man durch ein Tunneltor. Früher gab es zwei 14 Meter tiefe Brunnen im Hof; einer ist als Nachbau zu sehen. Vom Wehrgang kann man weit in die Umgebung blicken. Am Beginn des Rundgangs sieht man Vater und Sohn beim Behauen der Eichenstämme – so begann der Bau der Burg vor 1100 Jahren.

Die **Ausstellung Zeitsprung** in der Burg veranschaulicht Niederlausitzer Geschichte von der Altsteinzeit bis zur Gegenwart. Zu den besonderen Exponaten zählt auch das originale Hauptportal der Wolkenberger Kirche (Gotik um 1440), die 1992 dem Tagebau Welzow-Süd weichen musste. Man sieht zwei einfache slawische Götterfiguren aus Holz, die Replik des Burger Bronzewägelchens, in mehreren

Vitrinen wird eine Vielzahl von Lausitzer Grabkeramik in mannigfaltigen Formen und Größen gezeigt. Ganze Geschirrsätze finden sich hier – in erstaunlicher Perfektion, bedenkt man, dass sie einst ohne Töpferscheibe, nur mit der Hand, geformt wurden. Neben der Asche der Verstorbenen lag darin auch das Totenmahl mit Speis und Trank für die lange Reise ins Jenseits. Interessant sind auch die Kopien des Cottbuser Goldschatzes in der Vitrine Nr. 30. Der Schmuck kam 1937 bei Arbeiten am Flugplatz zum Vorschein. Die goldenen Arm- und Halsringe wurden im 2./3. Jahrhundert in Skandinavien gefertigt. Jahrzehntelang galt das Geschmeide als verschollen, die Originale wurden erst jüngst in Russland wieder entdeckt; sie waren 1945 als Beutekunst mitgenommen worden.

Wer einmal rund um die Slawenburg den **Zeitsteg** begeht, erfühlt geradezu die Niederlausitzer Geschichte von der Altsteinzeit bis in die Gegenwart (etwa 12 000 Jahre). Hier lässt sich ermessen, wie lang die Steinzeiten währten und wie dicht die Kulturen seit der Zeitenwende aufeinander folgten. Auf kleinen Landschaftsinseln wachsen die jeweils typischen Bäume vom Ende der letzten Eiszeit bis zur Bronzezeit vor 3000 Jahren.

Vor der Burg befindet sich ein schöner **Kinderspielplatz**.

Rundwanderung von Raddusch zur Dubkow-Mühle

Der markierte Weg beginnt am Hotel ›Radduscher Hafen‹ und führt über Wiesen und Felder zunächst nach Stradow. Wir überqueren die Hauptstraße im Ort, biegen an der folgenden Kreuzung links ab und laufen noch einen Kilometer geradeaus, bis die Stradower Teiche erreicht sind. Nach der Überquerung von Vetschauer Mühlenfließ, Südumfluter und Hauptspree nähern wir uns der Dubkow-Mühle, einst eine Mahl- und Ölmühle. Sie steht seit 1702 an der Hauptspree. Seit über 260 Jahren werden hier Gäste bewirtet, das Schankrecht erhielt der einstige Mühlenbesitzer im Jahr 1737. An der südlichen Hauswand unter dem Fachwerkgiebel ist ein großer grüner Ochsenfrosch angemalt. Ein lebendes Exemplar soll sich der Legende nach seit den 1920er Jahren im Mühlenkeller aufhalten. Verirrten Ausflüglern soll er oft den Heimweg gewiesen haben. Wer ihn aber neckte, den führte er in den Sumpf.

Für den Rückweg überqueren wir die Schleuse hinter der Mühle. Der anschließende Weg mündet in einen Wirtschaftsweg, auf dem bald die Radduscher Buschmühle am heutigen Südumfluter erreicht ist. Sie stammt aus dem Jahr 1777 und wurde mit einem unterschlächtigen Wasserrad angetrieben. Bis 1932 erreichte man die Mühle nur mit dem Kahn, bis 1952 wurde hier Korn gemahlen. Das große neue Wehr wurde 2010 vollendet. Ein asphaltierter Weg leitet durch Wiesen zurück nach Raddusch.

Länge: 21 Kilometer.

Radwanderung von Raddusch nach Lübbenau und zurück

Diese Radwanderung ist ein Rundkurs mit krassen Gegensätzen: Erwartet uns zu Beginn eine vom Braunkohlentagebau geprägte Landschaft, so radeln wir später auf einem der schönsten Wege durch den Oberspreewald.

Die Tour beginnt am Bahnhof Raddusch. Wir fahren am Haus des Tourismus vorbei, überqueren die B 115 und radeln unter der Autobahnbrücke hindurch. Hier lohnt ein Abstecher mit nur 500 Metern Umweg: Archäologen fanden bei Raddusch die Reste eines 1000-jährigen slawischen Burgwalls. Der Rekonstruktionsbau ist schon von Weitem zu sehen. Der Wall war eine Holzkonstruktion: Stämme wurden

›Bank‹ nahe der Dubkow-Mühle

gitterartig neben- und übereinandergelegt und die Zwischenräume mit Lehm und Sand verfüllt. Heute stützt ein unsichtbarer Betonkern den Kopiebau. Im Inneren sind in einem ›Zeittunnel‹ Einblicke in die Niederlausitzer Geschichte von der Altsteinzeit bis zum späten Mittelalter zu erleben. Nähert man sich dem sieben Meter hohen Wall, wird man vielleicht verstehen, weshalb er von den Einheimischen auch ›Elefantenklo‹ genannt wird. Zurück auf der Hauptroute nach Lübbenau rollen die Räder auf der neuen Kippenstraße fast wie von selbst. In der offenen Landschaft wachsen Kiefern und Laubmischwälder schnell heran. Der ehemalige Braunkohletagebau hat auch den Ortskern von Groß Lübbenau vernichtet; ein Rastplatz mit Ortsplan und alten Fotos erinnert an das einstige Ortszentrum. In Groß Lübbenau fahren wir am Feuerwehrturm mit einem Storchennest nach rechts bis zur Autobahnunterführung, dahinter links nach Boblitz. In Boblitz überqueren wir die B 115. Weiter geht es die Lindenstraße entlang, vorbei am Gasthaus ›Jakubasch‹. Am Ortsausgangsschild beginnt das Biosphärenreservat Spreewald, ab hier folgen wir dem Schotterweg. Nach einem Kilometer erreichen wir eine Radstraße, die parallel zur B 115 bis nach Lübbenau führt. Nachdem die Bahngleise überquert sind, biegen wir rechts in Richtung Kahnfährhafen ab. Lübbenau ist das größte Touristenzentrum im Spreewald, schon Theodor Fontane nannte das Städtchen liebevoll ›Spreewaldresidenz‹. Etwa 100 Meter vor dem Hafen weist ein Hinweisschild nach rechts, Richtung Lehde/Leipe. Nach 1,5 Kilometern lohnt ein Spaziergang nach links zum Freilandmuseum Lehde. Weil bis dahin drei Bänke – die typischen Spreewaldbrücken mit Stufen – zu überqueren sind, sollte das Rad besser an der Schautafel geparkt werden (etwa 500 Meter Fußweg).

Zu beiden Seiten des schmalen Weges nach Leipe stehen Erlen, Birken und Eichen – ein romantischer Pfad, den viele Spaziergänger und Radfahrer nutzen. In Leipe fahren wir am Gasthaus ›Froschkönig‹ vorbei und folgen dem Hinweisschild zum Hafen. Die Asphaltstraße führt dann durch eine offene Wiesenlandschaft mit parkartigen Baumgruppen. Eine Rast bietet sich in der Dubkow-Mühle an, auf der wenig befahrenen Straße geht es weiter in Richtung Burg-Dorf, so auch an der Gabelung. An der Kreuzung Ringchaussee biegen wir rechts nach Naundorf ab und verbleiben etwa 1,5 Kilometer auf der Straße, bis rechts ein Schild in den Kurfürstendamm weist. An der Gabelung Erste Kolonie fahren wir weiter Richtung Raddusch. Am Ortsausgangsschild Burg überqueren wir das Naundorfer Grenzfließ und biegen rechts ab. Am Abzweig Skadow halten wir uns geradeaus auf dem Weg, vorbei am Fahrverbotsschild für Motorfahrzeuge. Hinter den Gehöften Radduscher Kaupen kommen wir an das Fließ Radduscher Kahnfahrt, biegen vor der Brücke links ab und radeln auf dem Deich weiter. Der Weg ist schmal und sandig, aber auch hier sehr romantisch. Auf einem Rastplatz können wir diese Idylle besonders gut genießen. Am Hafen

▲ Karte: hintere Umschlagklappe

Raddusch halten wir uns links, überqueren die Straßenbrücke und halten uns an der Dorfstraße rechts. Nach ein paar hundert Metern ist wieder der Bahnhof von Raddusch erreicht.

Länge: 35 Kilometer (4 bis 5 Stunden); Rundtour auf fast durchweg gut befahrbaren Wegen; leicht, auch für Familien mit Kindern geeignet.

Raddusch

Vorwahl: 035433; **PLZ**: 03226. www.raddusch-spreewald.de.

Tourismusverband Spreewald e. V. in Raddusch, Lindenstr. 1, Tel. 72299, www.spreewald.de. Moderner Komplex südlich des Ortes und der Bahnlinie Berlin–Cottbus, an der Straße zur Slawenburg.

Tourismusverein Raddusch, Tel. 55531 sowie 0172/6455407.

Nach Berlin und nach Cottbus fahren tgl. mehrere Regionalbahnen.

Hotel Radduscher Hafen (€€), Radduscher Dorfstr. 10, Tel. 59330, www.spreewald-hotel-raddusch.de. Reichhaltiges Frühstück, gemütliche Gaststube, auch großer Saal, Biergarten unter alten Linden. Tipps: Radduscher Hefeplinse mit verschiedenen Füllungen und Radduscher Fischsuppe. Sauna, 100 Prozent behindertengerecht, Öko-Eigenstromproduktion per Blockheizkraftwerk, idyllisch-ruhige Lage am Naturfährhafen. Paddelboot-, Fahrrad- und E-Bike-Verleih.

Hotel Garni Raddusch (€€), Dorfstr. 24, gleicher Kontakt wie Hotel Radduscher Hafen; Okt.–Apr. geschlossen.

Pension Buchan (€€), Buschmühlenweg 15, Tel. 3011, www.urlaub-beim-spreewaldbauer.de. Idyllische Einzellage am Radweg Raddusch zur Busch- und Dubkow-Mühle (1,5 km von Raddusch). Reiten und Kutschfahrten, Grillpavillon. Hunde können im Zwinger übernachten, auch Boxen für mitgebrachte Pferde.

Dubkow-Mühle (€€), Tel. 03542/2297, www.dubkow-muehle.de. Alleinlage, ruhig an der Hauptspree (mit Wehr, Schleuse und Bank) direkt am Spree- und Gurkenradweg (eine schmale Nebenstraße zwischen Burg-Kolonie und Leipe), idyllischer Biergarten im Stil der 1920er Jahre. Eigene Kahnabfahrtsstelle (Kahnpartien 2–7 Std.), Fahrradverleih; Apr.–Okt. tgl. 8–22 Uhr, warme Küche 11.30–21 Uhr.

Café Hofladen, Schulweg 2. 14 Sorten Eis, Blechkuchen, nur Sommergarten; Apr.–Okt. tgl. 10–18 Uhr.

Burgcafé Slawenburg, in der Slawenburg Raddusch, Tel. 55524.

Hofladen, Schulweg 2, www.spreewaelder-hofladen.de. Spreewälder Spezialitäten, begehbarer Hühnerstall, Schauproduktion, Streichelzoo mit Ponnys und Schafen; tgl. 8–18 Uhr.

Spreewaldfisch, Lindenstr. 15, Tel. 78915. Tipp: Radduscher Räucherfischkiste mit mehreren Sorten; Mo–Fr 8–15 Uhr.

Slawenburg Raddusch, www.slawenburg-raddusch.de; Apr.–Okt. tgl. 10–18 Uhr, Nov.–März tgl. 10–16 Uhr. Jan. geschlossen.

Heimatstube Raddusch, Dorfplatz 8; Fr/Sa 14–17 Uhr.

Historischer Dorfrundgang (Apr.–Okt. Mi 18 Uhr). **Techno-Open-Air Chateau Click Clack I und II** (Anfang Juni und Anfang Aug.), **Sommertheater** in der Slawenburg (Aug.).

Kahnfährgemeinschaft Raddusch, Tel. 594565, www.kahnfaehrverein-raddusch.de.

Störche im Spreewald

Schon seit Menschengedenken ist der Storch ein Symbol für Glück und Treue. Wenn die eleganten Segler nach dem Winter in ihre Nester heimkehren, ist der lang erwartete Frühling da. Und in manchen Regionen Europas wird die Ankunft des ›Klapperstorchs‹ mit einer freudigen Botschaft verknüpft: Ein Kind wurde geboren.

Im Spreewald sind besonders viele Weißstörche (lat. Ciconia ciconia) beheimatet. Sie sind ausgewachsen rund einem Meter hoch, bis zu 4,5 Kilo schwer, der Schnabel misst maximal 19 Zentimeter und die Flügelspanne beträgt bis zu zwei Metern. Störche können wahrhaftig klappern, aber auch fauchen. In vielen Dörfern – so in Burg, Dissen, Leibsch, Fehrow sowie in Lübben und Lübbenau – sind die großen Nester auf Dachfirsten oder auf speziellen Nisthilfen zu sehen. Leider besagt aber eine Langzeitstudie, dass die Storchenpopulation auch in der Niederlausitz und damit im Spreewald seit etwa 1996 um 14 Prozent zurückgegangen ist. Seit den 1930er Jahren hat sich deren Bestand deutschlandweit sogar halbiert. Gab es noch in den 1970er Jahren in der näheren und weiteren Umgebung des Spreewaldes neun Störchendörfer mit mindestens fünf Brutpaaren, so sind es heute noch fünf Orte, die sich mit dem Beinamen Storchendorf schmücken dürfen. Für diese Entwicklung werden mehrere Ursachen verantwortlich gemacht, aber vor allem die intensive Bewirtschaftung der Landschaft und der Einsatz von Chemikalien führen dazu, dass die Störche immer weniger Kleintiere finden. Wenn aber ihre Hauptnahrung zur Mangelware wird, bleiben sie aus und suchen sich andere Plätze zur Aufzucht ihrer Jungen.

In den Kernzonen des Spreewaldes, zumeist im Totalreservat, lebt noch ein stiller, fast unsichtbarer Gast: der Schwarzstorch. Drei Paare brüten im Unterschied zu ihren weißen Verwandten auf alten Bäumen und scheuen den Menschen. Sie sind sehr selten geworden, weil sich auch der Fischbestand im Spreewald verringert hat.

Die ersten Störche kommen zumeist in der letzten Märzwoche in den Spreewald, die letzten folgen bis in die erste Aprilhälfte. Zuerst trifft das Männchen ein und bewohnt den Horst des Vorjahres oder beginnt mit dem Bau eines neuen. Nach einer Woche folgt das Weibchen. Nun folgen Werbung der Horstbesitzer, Paarungsrituale sowie bald die erste Begattung. Von beiden Vögeln wird das Nest ausgebessert, aufgestockt und neu ausgepolstert. In den nächsten Tagen kommt es mehrmals zur Paarung, und bald liegt das erste Ei im Nest. Die Brutdauer beträgt 32 Tage. Um eine typische fünfköpfige Storchenfamilie – zwei Altvögel, drei Junge – für einen Tag satt zu bekommen, müssen fünf Kilogramm kleines Getier herangeschafft werden: Insekten, Regenwürmer, Mäuse und Frösche. Man weiß aus Beobachtungen, dass ein Storch beispielsweise innerhalb von 60 Minuten 44 Mäuse, zwei junge Hamster und einen Frosch sammelte, ein anderer in einer Minute 30 Grillen; bei einer Magenuntersuchung fand man bei einem Weibchen 1315 Feldheuschrecken.

Störche sind begnadete Segler, ähnlich wie die Seeadler. Sie nutzen geschickt die Aufwinde und kreisen gern in der Gruppe. Da über Wasserflächen keine Thermik entsteht, umfliegen die Störche auf ihrem Weg in die Winterquartiere das Mittelmeer. Eine Zugscheide trennt dabei Ost- und Westzieher. Sie verläuft von den Niederlanden mitten durch Deutschland über den Harz bis zu den Alpen.

Diese Zugrichtung ist den Tieren angeboren. Die Route der Westzieher verläuft von Deutschland über Südspanien und Nordafrika nach Süden. Die Spreewaldstörche gehören zur Gruppe der Oststörche. Sie ziehen über Osteuropa in die Türkei, fliegen über den Bosporus in den Libanon und nach Israel und gelangen zur Sinai-Halbinsel. Über den Golf von Suez erreichen sie Ägypten. Weiter nach Süden halten sie sich an den Nilverlauf. In den Savannen und Halbwüsten des Sudan legen sie eine Rast ein, um sich Energiereserven für den Weiterflug anzufressen. So erreichen die Störche aus dem Spreewald nach etwa 8 bis 15 Wochen Flugzeit und rund 10 000 Kilometern Flugstrecke ihre Winterquartiere südliche der Sahara. Die flügge gewordenen Jungstörche ziehen noch vor ihren Eltern in den warmen Süden. Sie sammeln sich in Gruppen, manchmal unter Führung eines Junggesellen - ein Storch, der keinen Partner gefunden hat. Wie die Jungvögel ihren Weg auch allein finden, ist erstaunlich.

Wer mehr über den Weißstorch und seine saisonale Spreewaldheimat erfahren möchte, kann sich im Weißstorchzentrum in Vetschau und in einer Storchenausstellung im Dorf Dissen nahe Cottbus informieren.

Weißstörche sind im Spreewald häufig anzutreffen

Vetschau/Spreewald (Wětošow)

Vetschau, einer der ältesten Orte der Region – gegründet spätestens im 10. Jahrhundert –, liegt am Südrand des Oberspreewaldes zwischen der A 15 und der Eisenbahnlinie Berlin–Cottbus–Görlitz. Auf dem **Markt** haben einige Barock- und Jugendstilhäuser die Zeit überdauert, überregional bekannt sind die Doppelkirche, das Weißstorchzentrum und der Ratskeller (Wiedereröffnung für Mitte 2014 geplant).

■ Doppelkirche

Vom Marktplatz leitet die schmale Heringsgasse Fußgänger zur Doppelkirche. Es ist ein bewunderungswürdiges Gotteshaus, einmalig in Deutschland und wahrscheinlich in ganz Europa. Das Bauensemble ist über fünf Jahrhunderte entstanden und Zeugnis des friedlichen Nebeneinanders von zwei Sprachen und Kulturen einer gemeinsamen Konfession. Die **wendische Dorfkirche** wurde im 13. Jahrhundert auf dem höchsten Punkt des Ortes, auf einer Sandkaupe errichtet, 1619 durch Feuer beschädigt und 1649 wieder eröffnet. Im Verlaufe des Dreißigjährigen Krieges kamen die Landesherrn von Sachsen-Merseburg in den Besitz großer Teile der Niederlausitz. Um ihren Einfluss zu stärken, förderten sie das Deutsche. Obwohl jedermann der wendischen Sprache mächtig war, ordneten die Landesherrn den Bau einer der wendischen ebenbürtigen deutschen Kirche an. Diese sollte sogar noch mit einer üppigeren Ausstattung glänzen. So entstand zwischen 1690 und 1694 anstelle einer kleinen deutschen Kapelle die **zweite Stadtkirche** für evangelische Deutsche. Mit dem spätbarocken Anbau wurde die Kirche zum ›Zwilling‹. Längswand an Längswand stehen die einfache wendische Dorfkirche und die reich ausgeschmückte spätbarocke Stadtkirche nebeneinander. Eine den Kirchenostgiebeln vorgesetzte **Sakristei** verbindet sie. Durch eine Glasscheibe und das vom Putz befreite kleine Stück Mauerwerk kann man die ›Grenze‹ exakt erkennen.

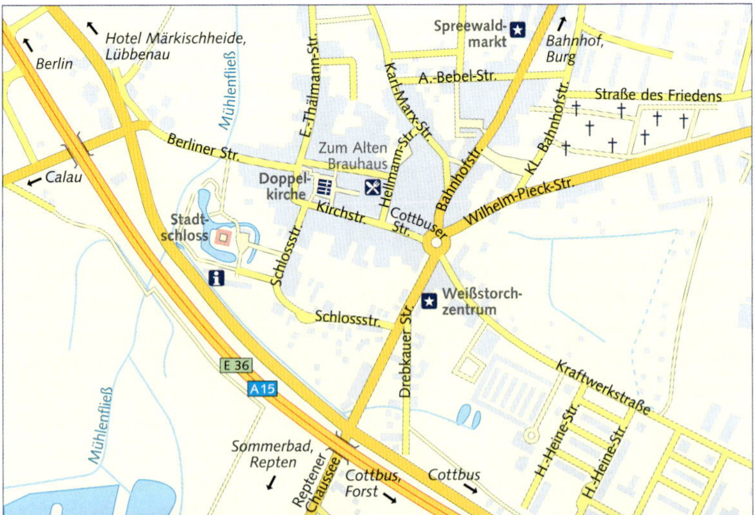

Vetschau

Um 1850 erhielt die deutsche Kirche ein neugotisches Antlitz; leider verschwanden im Zuge der Umgestaltung auch die prächtigen barocken Farben. Das Altarbild zeigt die ›Auferstehung des Herrn‹, allerdings in einer sehr naiven Darstellung – das gefiel der Herrschaft von Schlieben nicht, und so spendierten sie zwei Gemälde aus ihrem Schloss, die über das ursprüngliche Altarbild genagelt wurden. Noch heute sind Umrisse der inzwischen wieder abgenommenen Gemälde zu sehen, die heute unter den Logen angebracht sind. Die Kanzel wurde aus einem originalen Gurkenfass gefertigt und mit allerlei Zierrat versehen.

In den 1970er Jahren waren die zwei Kirchgemeinden so klein geworden, dass nur noch die deutsche Kirche für Gottesdienste genutzt wurde, die wendische verkam zum schnöden Abstellraum. Letztere ist heute auch als stadteigene ›Kulturkirche‹ bekannt. Alljährlich am Tag des Offenen Denkmals zelebriert man einen Gottesdienst in wendischer Sprache.

Das Geld der deutschen Gemeinde reichte nicht für einen zweiten Glockenturm, so dass der ursprüngliche, aus Feld-, Raseneisen- und Backsteinen errichtete, beiden dient. Obwohl die türkischen Herrscharen niemals bis in die Niederlausitz vorstießen, muss die Angst vor den Osmanen einst auch im Spreewald groß gewesen sein: Ein hochaufgerichteter Stern von Bethlehem über einen niedergeworfenen Halbmond symbolisiert als Turmbekrönung die abgewendete Katastrophe. Die Doppelkirche erregt auch das Interesse der slawischen Nachbarn: So war im Herbst 2001 der damalige slowakische Präsident Rudolf Schuster zu Gast.

Gasthaus Zum alten Brauhaus

In der Nähe vom Markt steht das Gasthaus Zum alten Brauhaus. Zwar wird hier kein eigenes Bier mehr gebraut, aber

Zwei Gebäude, ein Turm: die Doppelkirche

mehrere Sorten vom Fass werden in der einstigen Braukesselhalle mit gewölbter Klinkersteindecke ausgeschenkt. Einst gab es in der Stadt Vetschau 72 braubeRechtigte Bürger. Einer von ihnen war Richard Hellmann, der in diesem Gebäude bis 1899 braute. Er verließ die Heimat über die Stationen Halle und Hamburg. 1903 wanderte er nach Amerika aus und verliebte sich in die Tochter eines Delikatessenhändlers. Hellmann kannte sich mit guter Mayonnaise aus und brachte es mit seinen Spezialkenntnissen in der Neuen Welt als ›Mayonnaise-König‹ zu Weltruhm. Die von ihm kreierte Öl-Essig- Eigelb-Mischung war in 60 Ländern heiß begehrt. Seine Heimat hat er nie vergessen: Er spendete reichlich für den Ausbau einer Turnhalle und den Bau eines Tennisplatzes sowie für den Erhalt des Rittersaales. 1929 rief Hellmann in den USA für Vetschau eine Stiftung ins Leben, deren 1250 Aktien der Stadt alljährlich 42 000 Reichsmark einbrachten. Leider hat sich nach der NS-Zeit niemand mehr um den Verbleib des Kapitals gekümmert. Noch heute wird in den USA keine Mayonnaise verlangt, sondern Hellmann's. Der Gasthaus-

Das Stadtschloss

besitzer steht im Kontakt mit einem Enkel und einer Enkelin Hellmanns. Fotos und Dokumente können Sie auf Nachfrage an der Wand im Treppenhaus betrachten.

Stadtschloss

Das Vetschauer Stadtschloss steht wegen der einstigen Sumpflage auf 11 Meter langen Erlenholzstämmen westlich der Altstadt in einem kleinen Park. Im 10. Jahrhundert ließ Markgraf Gero hier an einer Salz- und Heeresstraße eine Wasserburg errichten. Vom einstigen **Wassergraben** ist heute nur ein Rest vorhanden. Auch die alte Zugbrücke ist lange verschwunden. Sie befand sich an Stelle der heutigen Brücke, die zum Parkplatz führt. Im Jahr 1540 kaufte Eustachius I. von Schlieben, ein Freund Martin Luthers und des Kurfürsten, die Anlage. Aus der alten Wasserburg wuchs ein Renaissanceschlösschen. Die Residenz wurde mehrfach verändert. So ist der eine Turm mit Haube eine Zutat aus der Barockzeit. Von 1688 bis 1879 wechselten sich 16 Besitzer ab. Hermann Albert Graf zu Lynar ließ grundlegende Umbauten vornehmen, aber alle Räume im Erdgeschoss besitzen noch ihre ursprünglichen Kreuzgewölbe, einige ihre historische Deckenmalerei. Vom kleinen Innenhof führt eine geschwungene Freitreppe zum Rittersaal mit schönen Stuckarbeiten und dekorativem Kamin. Für die Renovierung spendete auch Richard Hellmann (1876–1971).

Im Jahr 1920 kaufte der Vetschauer Magistrat das Schloss und alle Ländereien, zu DDR-Zeiten befand sich hier das Institut für Landwirtschaft. Heute ist das Schloss wieder der städtische Verwaltungssitz.Das Schlossensemble wird durch das hübsche **Kavalierhaus** ergänzt. Der **Park** im englischen Stil – unter anderem mit Sumpfzypressen, Magnolien und einigen Platanen – dehnte sich vor dem Autobahnbau weiter in südliche Richtung aus.

▲ Karte S. 90

Weißstorchzentrum

Im Weißstorchzentrum erfährt man unter anderem, dass in der Niederlausitz jährlich etwa 350 Weißstorchpaare brüten. Das sind zehn Prozent des gesamten deutschen Bestandes dieser Vogelart. Das Storchenpaar Cico und Luna wurde weltbekannt: Das Vetschauer Storchennest kann per Internetkamera beobachtet werden. Ein Tierfilmer hat das Storchenpaar eine Saison lang begleitet, von der Ankunft bis zum Abflug. Der 40-minütige Film wird auf Wunsch im Vorführraum in der ersten Etage gezeigt. Der Besucher erfährt viel über die hiesige Tierwelt. Besonders interessant sind die Zuwanderer (Neozonen), so Mink, Wollhandkrabbe, Waschbär, Marderhund und Wolf. Auch der Biber ist inzwischen im Spreewald heimisch geworden, vor allem zwischen Lübben und Lübbenau, gesichtet wurde er auch bei Burg. Zwei Vitrinen sind mit bunten Faltern und Schmetterlingen bestückt, diese Gaukler der Lüfte wurden in den nahen Reptener Teichen eingesammelt.

Vetschau

Vorwahl: 035433; **PLZ**: 03226. www.vetschau.de.

Touristinformation Vetschau im Weißstorch-Informationszentrum, Drebkauer Str. 2a, Tel. 4100.

Vetschauer Nachtwächterrundgang: Von Frühjahr bis Herbst führt der Vetschauer Nachtwächter Lothar Rechenberg auf Rundgängen durch die Altstadt. Start an der Doppelkirche, 21 Uhr. Anmeldung und Termine unter Tel. 0171/7531578 oder www.vetschau.de/nachtwaechter.

Biberexkursionen im Spreewald, Anke Willharms, Tel. 030/54731226, info@biberfuehrungen.de.

Im Zweistundentakt nach Berlin und über Cottbus nach Frankfurt (Oder) sowie nach Zittau über Spremberg und Görlitz.

Hotel-Pension Märkischheide (€€–€€€), Lindenstr. 2, Tel. 560, www.hotel-maerkischheide.de.

Gasthaus Zum alten Brauhaus, Markt 30a, Tel. 809750. Gute deutsche Hausmannskost, div. Fassbiere; tgl. ab 11.30 Uhr.

Frühlingsfest (Apr.).

Wendisch-Deutsche Doppelkirche, Apr.–Okt. Mo–Sa 10–12 u. 14–17 Uhr, So 14–17 Uhr.

Rittersaal im Stadtschloss Vetschau, Di 9–12 u. 13.30–17.30, Do 9–12 u. 13.30–15.30 Uhr.

Weißstorchzenturm, Drebkauer Str. 2a, Tel. 4100; Apr.–Sept. Di–So 10–17 Uhr, Okt.–März Mo–Fr 10–16 Uhr. Das Vetschauer Storchennest im Internet: www.storchennest.de. Die Ausstellung ist leider nicht behindertengerecht.

Sommerbad, Reptener Chaussee, Info-Tel. 2678. Idyllisch am südwestlichen Stadtrand südlich der Autobahn; Mo–Fr 13–20 Uhr (an heißen Tagen bis 21.30 Uhr), Sa/So und Sommerferien 10–20 Uhr. Bei schlechtem Wetter verkürzte Öffnung bzw. ganztägige Schließung,

Spreewaldmarkt, Bahnhofstr. 44, Fleischerei und Spreewaldspezialitätenverkauf; Mo–Fr 8–18, Sa 8–12 Uhr. In der 1. Etage ein modernes Bistro mit moderaten Preisen; nur Mo–Fr 8–15 Uhr.

Teichwirtschaft Stradow, Stradower Dorfstr. 31, Tel. 594492, www.teichwirtschaft-stradow.de; Do/Fr 10–12 u. 14–17, Sa 9–12 Uhr.

Burg/Spreewald (Borkowy)

Burg im östlichen Teil des Oberspreewaldes ist ein staatlich anerkannter Ort mit Heilquellenkurbetrieb und mit 35 Quadratkilometern auch eine ungewöhnlich große Landgemeinde. Auf dieser Fläche befinden sich etwa 600 Einzelhöfe, insgesamt leben hier jedoch nur 4300 Bewohner. Bis zur Wiedervereinigung war Burg das größte Dorf der DDR.

Bis in die 1990er Jahre hinein galt der Spreewaldort als Geheimtipp. Wer dem Massentourismus in Lübben und Lübbenau entfliehen wollte, fand hier eine angenehme Ruhe. Das hat sich inzwischen etwas gewandelt. Es wurde viel gebaut, und das reiche Kur- und Wellnessangebot hat sich längst herumgesprochen. Jetzt herrscht tagsüber ein reger Straßenverkehr – was den Kurcharakter vor allem in Burg-Dorf empfindlich stört.

Geschichte

Erdwälle am Schlossberg deuten auf eine frühe Besiedelung in der Stein- und Bronzezeit um 800 v. Chr. hin. Im 6. nachchristlichen Jahrhundert wanderten slawische Stämme ein und erweiterten die Wehranlagen, die im 10. Jahrhundert der deutschen Ostexpansion zum Opfer fielen. Im 18. Jahrhundert entstanden neben dem ursprünglichen Hauptort (Burg-Dorf) zwei weitere Siedlungen, das nördliche Burg-Kauper und das westliche Burg-Kolonie. Hier durften sich in der Epoche der Preußenkönige Wilhelm I. und Friedrich II. nur Ausländer angesiedeln: Damit sollte die Einwohnerzahl erhöht werden. Allerdings waren die Dörfer der Umgebung – so Naundorf, Raddusch und Stradow – zu dieser Zeit bereits Ausland, denn sie befanden sich in Kursachsen.

Als nach der letzten Eiszeit die Gletscher schmolzen, entstanden durch den mitgebrachten Schwemmsand viele Kaupen (von kupa = Insel). Diese waren ideal für die Siedler, die hierher kamen und sich eigenmächtig ein Haus bauten. Natürlich ärgerte das die königlichen Behörden und Rittergutsbesitzer der Umgebung, und sie wandten sich in ihrer Not an ihren Landesherrn. König Friedrich II. verfügte daraufhin: »Es ist weiterhin verboten, sich ohne Erlaubnis im Spreewald anzusiedeln, aber ein Haus, das steht, darf nicht abgerissen werden.« Die listigen Bewohner hielten zusammen, tagsüber wurde Holz herangeschafft und zugesägt, nachts im Mondlicht das Haus aufgebaut. Angeblich 37 Neusiedler trickstEN so die Obrigkeit erfolgreich aus und respektierten gleichzeitig den königlichen Erlass. Der Preußenkönig förderte aber auch gezielt die Ansiedlung aus dem Dienst ausscheidender Soldaten. Im Jahr 1765 erhielten etwa 100 Neusiedler Grundstücke von je 18 Morgen und begründeten die Orte Burg-Kauper und

Traditioneller Blockbau am Spreehafen in Burg

▲ Karte: hintere Umschlagklappe

Burg-Kolonie. Sie kamen vornehmlich aus Sachsen, Schlesien und Böhmen, aber auch aus Österreich und Ungarn. Die Neuankömmlinge verdrängten aber nicht etwa das Wendische, sondern integrierten sich. Schon die Kinder ihrer Töchter und Söhne waren sozusagen ›echte‹ Sorben/Wenden, die jungen Männer lernten erst während ihres Militärdienstes die deutsche Sprache.
Noch um die Wende zum 20. Jahrhundert besaßen die Dörfer Burg-Kauper und Burg-Kolonie keinen akzeptablen Fahrweg. Die Leute taten sich zusammen und bauten selbständig ›Interessenbrücken‹. Die komfortable Burger Ringchaussee entstand erst zu DDR-Zeiten. Im Jahr 1960 wurde das Dorf Burg-Kolonie seiner Selbständigkeit enthoben und nach Burg eingemeindet.

Von Weitem sichtbar: der Bismarckturm

Burg-Dorf (Wobsedne Bórkowy)

Der einstige **Schlossberg**, etwa anderthalb Kilometer nördlich vom Zentrum an der Straße nach Byhleguhre gelegen, gilt als größter Rundwall der Mark Brandenburg. Zum Ende des 19. Jahrhunderts fanden hier Archäologen beim Bau der Spreewaldbahn zwei Deichselwägelchen aus Bronze, 3000 Jahre alt und nur 20 Zentimeter groß. Man vermutet, dass sie einst als Kultobjekte verwendet wurden. Wie sie aber gehandhabt wurden, ist bis heute unklar. Die auch als ›Vogelwagen‹ bekannten Stücke kamen 1876 in das Märkische Museum für Vor- und Frühgeschichte in Berlin und sind 1945 von der sowjetischen Besatzungsmacht als Beutekunst deklariert worden. Die Kopie eines dieser Wägelchen kann man in der Slawenburg Raddusch anschauen.
Auf der Anhöhe steht der **Bismarckturm**, von 1915 bis 1917 aus roten Calauer Klinkersteinen erbaut. Während des Zweiten Weltkrieges diente er als Beobachtungsposten der Luftwaffe. In der DDR war der frühere Reichskanzler Bismarck als Reaktionär verpönt, das trutzige Bauwerk hieß daher in dieser Zeit ›Turm der Jugend‹.
Zur Aussichtskanzel in 29 Meter Höhe führen 137 Stufen. Der Turm ist nicht nur das Wahrzeichen Burgs, sondern auch ein beliebter Aussichtspunkt, von dem aus man weit in die Umgebung schauen kann.
In der Nähe des Turms befinden sich der ›Große Weidendom‹ sowie der **Arznei- und Gewürzpflanzengarten** mit der Spreewälder Kräutermanufaktur. Auf einem Hektar gedeihen etwa 400 Pflanzen, deren Verwendung im Spreewald überliefert ist.
Ein Schwerpunkt der Arbeit ist die Bewahrung der genetischen Vielfalt. So gedeihen hier etwa 40 alte Kartoffel- und 10 Getreidesorten wie Buchweizen und so seltene Pflanzen wie Flachs, Leindotter, Saflor sowie uralte Bohnen- und Erbsensorten. Auch alte Färberpflan-

Im Arznei- und Gewürzpflanzengarten

zen sind zu sehen: Färberwaid, Färberresede, Krapp oder Rainfarn. Der Boden im Kräutergarten wird nur mit Stallmist, Kompost und Gründüngung verbessert. Viele Pflanzensamen werden zum Verkauf angeboten.

Seit 1992 bemühen sich die Gärtner, die alten Streuobstwiesen des Spreewaldes wieder aufzufrischen. Seitdem wurden über 22 000 Hochstammbäumchen neu gesetzt, jährlich kommen etwa 500 weitere dazu. Die meisten historischen Apfel-, Birnen-, Pflaumen- und Kirschbaumsorten werden im Burger Kräuter- und Gewürzpflanzengarten gezogen und hier auch zum Verkauf angeboten. Die Streuobstwiesen prägen neben den Kopfweiden und Heuschobern das Burger Landschaftsbild. Die alten Sorten sind auch eine Art Rückversicherung für die künftige Züchtung von neuen Sorten. Außerdem sind die Obstbäume ein bevorzugtes Refugium für die seltenen Heidbock und Eremitenkäfer, Steinkäuze, Spechte und viele Fledermausarten. Am Eingang zum Arznei- und Gewürzpflanzengarten befindet sich linker Hand das **Informationszentrum Schlossberghof**.

Am 1970 stillgelegten Burger Spreewaldbahnhof erweckte Bäckermeister Werner Motzek die **Spreewaldguste** zu neuem Leben: Neun Personen- und Güterwagen, ein Schneepflug und zwei Draisinen stehen auf den Gleisen, in einem der Wagen ist ein Schulklassenraum aus den 1930er Jahren, in einem anderen eine Modelleisenbahn zu bestaunen. Drinnen kommen typische Spreewaldgerichte auf den Tisch, die Getränke werden mit der Modellbahn geliefert.

Nebenan versetzt ab Sommer 2014 das in Europa einzigartige **Reklame- und Verpackungsmuseum** Besucher täglich von 12–18 Uhr in das goldene Zeitalter der 1920er Jahre. Im Erdgeschoss befinden sich Café, Tante-Emma-Laden, Spreewaldrösterei sowie die einstige Bäckerei von Willi Proposch aus Cottbus-Madlow aus dem Jahr 1910. Im ersten Stock sind, einem kleinen Marktplatz gleich, jeweils sechs historische Geschäfte auf beiden Längsseiten platziert. Der Investor konnte dafür aus Cottbus den Lebensmittelladen Richard Sauermann sowie das Geschäft von Uhren-Fischer erwerben.

Im Spirituosen- und Tabaklädchen wird das Erbe von Wittkes Rudi aus Burg bewahrt, daneben sind Apotheke, Drogerie, Fleischerei, Kurzwaren- und Milchladen sowie Fleischerei und Schokoladengeschäft, letzteres im Jugendstil, zu bestaunen.

An der Fassade ist die alte Spreewaldbahn abgebildet, ganz so, als würde sie eben am Burger Spreewaldbahnhof einfahren.

Von den ursprünglich typischen Halbkorbbogen-Umgebindehäusern in diesem Teil des Spreewaldes ist in Burg keines original erhalten geblieben. Diese aufwendigere Bauernhausarchitektur war den Wohlhabenden vorbehalten, wegen häufiger Hochwässer gab es nur wenige reiche Leute.

▲ Karte: hintere Umschlagklappe

Im **Kräutermühlenhof** am Eingang zum Kurpark steht ein originalgetreuer Nachbau eines solchen Umgebindehofes, und in dieser Ruhe abseits der lauten Hauptstraße gibt es komfortable Übernachtungsmöglichkeiten. Die **Mühle** ist in kleiner Form der einstigen Bockwindmühle nachempfunden, die einer Chronik von 1850 zufolge auf dem Windmühlenberg stand, später aber abbrannte.

Im **Kur- und Sagenpark** sind viele Skulpturen aus der sorbisch-wendischen Sagenwelt aufgestellt. Sie erinnern an die zahlreichen Legenden des Spreewalds, von denen einige in besonderer Weise mit dem Schlossberg in Burg verbunden sind. Die markante Burger Kräutermühle markiert den zentralen Zugang zum Sagenpark. Kinder und Jugendliche stürmen hier auf einen großen Spielplatz, flankiert von Rittern mit grimmig dreinschauenden Gesichtern. Drachen, Irrlichter, Lutken, Mittagsfrau und Wassermann sind alte Bekannte aus der Lausitzer Sagenwelt. Sie alle stehen in Stein gemeißelt, verstreut zwischen Schule und Reha-Klinik und eingebettet in die Auenlandschaft mit Birken, Erlen und Wassergräben. Nicht alle sagenhaften Überlieferungen unserer Vorfahren sind Kinderkram. Vor allem die Legende von der Mittagsfrau mahnt die Hektiker unserer modernen Zeit: »Mach mal Pause!«. Dabei muss man sich nicht sklavisch an die Uhrzeit halten, wie die Mittagsfrau die Ruhestunde von zwölf bis eins bestimmte. Wer dies missachtete, den traf unter Umständen der tödliche Schnitt ihrer Sichel.

Die beste Gelegenheit, Wassermann, Nix und all die anderen Geister zu erleben, besteht am letzten Juniwochenende 2014 zur Sagenkahnfahrt, ab Pfingsten 2015 wieder zu den traditionellen Spreewälder Sagennächten am Schlossberg.

Ins Burger Zentrum, nahe der Dorfkirche, lockt die künstliche **Salzgrotte sana per salis** (›gesund durch Salz‹). In der Burger Grotte sind etwa zwei Ton-

Wassermann am Eingang zum Kur- und Sagenpark

nen verbaut, die Höhlendecke und die imitierten Tropfsteine sind mit Kristallen aus dem Himalaya überzogen, auf dem Boden ist Salz aus dem Toten Meer verstreut. Die Besucher betreten die Grotte in Straßenkleidung mit hellen Socken und werden von den freundlichen Damen in kuschlige Decken eingehüllt. Dann taucht farbiges Licht alles in einen märchenhaften Zauber. Leise erklingt Wohlfühlmusik, dazu plätschert ein Bächlein über Schwarzdornreisig, dabei verteilen sich zusätzlich im Wasser gelöste winzige Soleteilchen im Raum. Völlig von der Außenwelt abgeschnitten, darf sich der Besucher hier eine Dreiviertelstunde lang den Segnungen des Mikroklimas hingeben. Enstpannung ist garantiert. Außer dem Salz zum Atmen findet sich hier Salz auch zum Verkauf und zum Kochen, Baden, Lutschen oder Eincremen.

Unter der neuen **Kurkolonnade**, nicht weit von der Salzgrotte entfernt, lässt es sich entspannt und beschwingt zwischen Feuerwehrhaus und Freilichtbühne zum **Hafen** wandeln.

Ebenfalls ganz in der Nähe fertigt Manfred Karolczak in seiner **Holzpantoffelmacherei** seine Holzpantoffeln aus Erlen oder Pappelholz, Draht, Klammern und mit Leder vom Rind oder Schwein. Seit 1909 hat sich an der Produktion in dritter Generation kaum etwas verändert. Man kann dem Meister über die Schulter schauen und sich hier ein Paar richtige Pantoffeln kaufen.

Im **DDR-Museum** sind 60 Fahrzeuge – Autos, LKW, Motorräder, Mokicks und Mopeds – und eine der größten Lenin-Plastiken der ehemaligen DDR zu bestaunen, ein vier Tonnen schwerer Bronzeguss. Von 1950 bis 1993 zierte die Büste den sowjetischen Pavillon auf der Alten Leipziger Messe, danach war dieser Lenin die Attraktion einer russischen Diskothek in München. Seit Juli 2012 steht die Plastik in Burg-Dorf.

Schon seit mehreren Jahren schwärmen die Besucher von der Burger **Spreewald-**

In der Salzhöhle sana per salis

▲ Karte: hintere Umschlagklappe

therme. Sanfte Grüntöne dominieren die große Badehalle, deren schräge Stütz-pfeiler die Bäume im Spreewald und deren Mosaikgrünstreifen an den Betonwänden das allgegenwärtige Schilf verkörpern. Die Spreewälder Natursole entspringt in 1350 Metern Tiefe direkt unter der Therme mit einer Quelltemperatur von 31 Grad Celsius. Sie besitzt wertvolle Inhaltsstoffe, ab einem Salzgehalt von 14 Gramm pro Liter spricht man von Sole – in Burg verweist man auf stolze 239 Gramm pro Liter! Das Solethermalwasser besitzt eine heilsame Wirkung bei Atemwegserkrankungen, Hautproblemen und Erkrankungen des Stütz- und Bewegungsapparates. Die Haut wird osmatisch gereizt und ›atmet‹ die im Wasser gelösten wertvollen Mineralstoffe ein. Das festigt das Gewebe – daher sollte man nach dem Baden nicht duschen, sondern das Salz noch etwa sechs Stunden auf der Haut einwirken lassen. Die Soleinhalation im Gurkenfass verspricht ähnlich positive Wirkungen wie der Aufenthalt an einer Meeresbrandung. Im Intensivsolebecken – 36 Grad, acht Prozent Salzgehalt – können sich die Entspannungssuchenden wie auf dem Toten Meer dahintreiben lassen. Ganzjährig lockt das Thermalsole-Außenbecken mit 35 Grad, knapp drei Prozent Salzgehalt und vielen Sprudeldüsen: Bei niedrigen Temperaturen steigen Dampfschwaden auf, und bei Einbruch der Dunkelheit wähnt man sich gar in einem isländischen Thermalsee.

Im Saunagarten steht eine Blockhaus-Spreewaldsauna und die Galerie, beide mit Reetdach. Bei stündlichem Aufguss hat man von der Spreewaldsauna aus durch ein Panoramafenster einen beruhigenden Ausblick auf eine Gruppe von Erlen, gegenüber flackert es hinter Glas in der rustikalen Feuersauna. Wer es weniger heiß mag, kommt auch im Sanarium bei 56 Grad garantiert ins

Entspannen in der Spreewaldterme

Schwitzen. Anschließend kuscheln viele Paare vor prasselndem Kamin auf gemütlichen Ruheinseln.

In der **Trachtenstickerei Christa Dziumbla** kann man erfahren, wie eine Tracht entsteht und wie sie angezogen wird. Eine kleine Ausstellung zeigt historische und neue Trachten. Man kann hier Teile von Trachten, gestickte Bilder, Bänder und Spreewaldpuppen erwerben.

Bootstour von Burg-Dorf nach Burg-Kauper

Vom Spreehafen in Burg-Dorf paddeln wir die Hauptspree flussabwärts. Wir kommen am Sportplatz und der Jugendherberge vorbei, hinter der Straßenbrücke biegen wir links in das Scheidungsfließ ein. Schnurgerade zieht sich dieses schmale Fließ, auf dem sich kaum zwei Boote begegnen können. Das Kleine Scheidungsfließ lassen wir links liegen und halten uns weiter geradeaus. Nun treffen wir auf traditionelle Blockhäuser, rechts befindet sich eine Spreewaldtischlerei. Die Schleuse muss man außerhalb der Hochsaison meist selbst betätigen. Am Wasserwege-T in den Ostgraben biegen wir rechts ab. Am nächsten Wasserwege-T biegen wir für kurze Zeit in die Hauptspree ab, wieder nach rechts.

Typischer Heuschober in der Nähe des Waldschlösschens

Am Schild mit der Aufschrift ›Landgasthof Zur Wildbahn, 1 km‹ paddeln wir links in den Ostgraben. Dort wo sich das Fließ gabelt, halten wir uns links, ab hier befinden wir uns auf dem Krummen Fließ. Am nächsten Abzweig biegen wir links ins Stauensfließ ab, gleich darauf passieren wir die Schleuse mit schönem Rastplatz. Beim Wasserwege-T geht es nach rechts in die Große Wildbahn. Den Abzweig Neue Spree sowie die folgende Kreuzung können wir außer acht lassen und halten uns geradeaus, bis wir auf das Stille Fließ treffen, wo wir links abbiegen. Am Bootshaus Rehnus folgen wir dem Rohrkanal nach rechts. An der nächsten Gabelung rechts abbiegen, kurz darauf passieren wir die Waldschlösschenschleuse. Danach ist auch schon das Waldschlösschen mit Gasthaus und Freiluftterrasse erreicht. Wir befinden uns jetzt im Ortsteil Burg-Kauper. Vom Waldschlösschen geht es weiter in den Burg-Lübbener-Kanal nach rechts, vorbei am Hafen Waldschlösschen. An der Gabelung hinter der Bank paddeln wir rechts in die Kleine Spree. Am Gasthof ›Ochseneck‹ geht es durch die Brücke hindurch, bei der Gabelung dahinter nach rechts in die Neue Spree abbiegen, an der nächsten Gabelung links. Wo die Neue Spree nach rechts und das Erlkönigfließ wenig später nach links abbiegt, halten wir uns geradeaus, nun im Ostgraben. Schließlich ist das Gasthaus ›Zum Erlkönig‹ erreicht, wo sich eine weitere Rast anbietet. Am nächsten Wasserwege-T halten wir uns links und paddeln nun weiter im Ostgraben, wo sich auf der linken Seite der Zeltplatz ›Am Ostgraben‹ befindet. Schließlich erreichen wir wieder die Hauptspree, wo wir links abbiegen. Vorbei am Bootshaus Conrad, an Bordmanns Scheune, dem Bio-Hotel Kolonieschänke und dem Hotel Am Spreebogen. Dahinter geht es durch die gewölbte Liebesbrücke und durch die vierte Schleuse. Bald ist der Abzweig zum Scheidungsfließ erreicht, wo unsere Paddelrunde begonnen hatte. Von hier ist es nicht mehr weit bis zum Spreehafen in Burg.

Länge: 17 Kilometer (ca. 5 Stunden); Paddelrunde auf gut befahrbaren Fließen, vier Schleusen; leicht, auch für Familien mit Kindern geeignet.

▶ Karte: hintere Umschlagklappe

Burg-Dorf

Vorwahl: 035603; **PLZ**: 03096.
Touristinformation, Am Hafen 6, Tel. 7501160. www.burgimspreewald.de.
Infozentrum Biosphärenreservat, Byhleguhrer Str. 17, Tel. 6910; Di–So 10–17 Uhr (Mai–Sept.).

Das Thermenticket bietet die Hin- und Rückfahrt mit dem Linienbus 47 ab Cottbus inklusive 2 Std. Badevergnügen für 15,60 Euro pro Person.
Aus Berlin mit der Bahn bis Vetschau, umsteigen in den Bus nach Burg (mit dem

Berlin-Brandenburg-Ticket gibt es in der Therme Rabatt).
Burger Rumpelguste, 22-km-Rundkurs, Info-Tel. 0174/3375101. Tgl. eine Rundfahrt.

Spreewald Thermenhotel (€€€), Ringchaussee 152, Tel. 18850, www.spreewald-thermenhotel.de. 4-Sterne-Haus mit 166 Betten auf drei Etagen. Hotel und Therme sind durch einen Bademantelgang miteinander verbunden. Restaurant mit großer Außenterrasse.
Pension und Restaurant Kräutermühlenhof (€€), Kurparkstr. 7b, Tel. 61442, www.kräutermühlenhof.de. Gemütlich speisen und schlafen in einem früher typischen Burger Umgebindehof. Mühlencafé, Restaurant mit Wintergarten, großer Biergarten. Sa/So mit Plinsmanufaktur.
Kur- und Wellnesshaus Spreebalance (€€€), Ringchaussee 154, Tel. 759490, www.spreebalance.de. Neues Haus mit Restaurant, Terrasse und hauseigenem Wellness- und Therapiebereich nahe der Spreewaldtherme, moderne Zimmer in verschiedenen Naturfarbtönen.
Louisenhof (€€), Brandenburger Str. 19, Tel. 779989. www.louisenhof-burg.de. Barrierefreie Ferienwohnungen und -häuser. 2014 als ›Leuchtturm der Tourismuswirtschaft‹ ausgezeichnet.
Spreewälder Ferienhäuser (€€), Schulenburgstr. 42, Tel. 759980 und 0160/7064655, www.spreewälder-feriendomizil.de. Ferienhaussiedlung nahe der Spreewaldtherme. Große Zimmer mit Vier-Sterne-Komfort. Parkplatz am Haus, Abstellräume für Fahrräder.
Radlerscheune (€–€€), Ringchaussee 155, Tel. 13360, www.radler-scheune.de. Radvermietung, Reparaturservice, Hochrad-Fahrschule, bei Anreise mit der Bahn kostenloser Abholservice vom Bahnhof Vetschau.
Spreewaldbahnhof Burg, Am Bahnhof 1, Tel. 842; Mo–Fr ab 11.30, Sa/So ab 11 Uhr.
Jugendherberge (€), Jugendherbergsweg 8, Tel. 225, www.jh-burg.de.
Bismarckschänke, Schmogrower Str. 1 (am Bismarkturm), Tel. 293; Mo–Do 11–19 Uhr (nur Imbiss), Fr 18–20.30 und Sa/So 11–20.30 Uhr à la carte.
Gasthaus Glück auf, Ringchaussee 93, Tel. 243. Unter Insidern die Institution für günstiges und schmackhaftes Essen! Sehr leckere Suppen wie die hauseigene Hühnersuppe. Flinke und nette Bedienung. Im Sommer wird das Essen auch draußen unter Laubbäumen serviert. Das Auto parkt auf einer Wiese gegenüber; Mo u. Mi–So 11–15 Uhr.

Kur-Campingplatz, Vetschauer Str. 1a, Tel. 750966, www.caravan-kurcamping.de. An einem Nebenarm der Spree mit sonnigen und schattigen Plätzen. Gasthaus nebenan, Kneipp-Kuranlage; März–Dez. Die Spreewaldtherme ist 1,5 km entfernt.

Café Kleinod, Am Hafen 3, www.kleinod-im-spreewald.de; tgl. 12–18 Uhr.

Bismarckturm, Apr.–Juni und Sept./Okt. tgl. 10–18 Uhr, Juli/Aug. 10–19 Uhr.
Burger Arznei- und Gewürzpflanzengarten, Byhleguhrer Str. 17, Tel. 69118, www.spreewaldkraeuter.de; 1. Mai bis 3. Okt. Mo–Fr 8–16, Sa/So 10–18 Uhr, Führungen 14 Tage vorher anmelden.
Heimatstube, Am Spreehafen, Mi–So 13–17 Uhr (Ostern–Okt.), Mi–So 12–16 Uhr (Nov.–März).
DDR-Museum, Krabatweg 12 (am Ortsausgang Richtung Werben/Cottbus), tgl. 10–17.30 Uhr (April–Okt.) ansonsten anrufen, Tel. 0172/3608189, www.ddr-museum-burg.de.

Spreewaldmarathon (Apr., www.spreewaldmarathon.de), **Kirchgang in Tracht** (Ostersonntag), **Internationale Folklore-**

lawine (Juni), **Handwerker- und Bauernmarkt** (Juli), **Heimat- und Trachtenfest** (Ende Aug.), **Traditionelle Kartoffelernte** (Sept.).

Spreehafen, Am Hafen 1 (an der Straße Ortsmitte Burg/Dorf-Bismarckturm), Tel. 75800, www.spreehafen-burg.de; Kahnfahrten tgl. ab 10 Uhr durch die Streusiedlung Burg-Kolonie (3–5 Std.), Schleusenfahrt (2 Std.), Hochwaldtour (8 Std.). Kamin- und Wellnesskahnfahrt im ›Kahn der Sinne‹, romantische Mondscheinfahrten, kulinarische Kahnfahrten oder Partykahn mit Zapfanlage. Inhaber und Vizerennradweltmeister Dirk Meier lädt Di–Sa zu geführten Radtouren ein, auch sind individuelle kombinierte Kahn-, Paddel- und Radtouren buchbar. Radverleih.

Bootshaus am Leineweber, Hauptstr. 1, Tel. 60096, www.spreewald-paddeln.de. Kahnfahrten (tgl. 10.30 u. 14 Uhr, auch Winterkahnfahrten mit Glühwein), Bootsverleih.

Spreewaldtherme Burg, Ringchaussee 152, Tel. 18850, www.spreewaldtherme.de. Solebad, acht Badebecken bis 38 °C, sieben Saunen; tgl. 9–22 Uhr, jeden 1. Fr im Monat 9–24 Uhr. Spartarif Di, Do und So ab 19 Uhr.

Salzgrotte sana per salis, Lindenstr. 9, www.salzgrotte-spreewald.de; Di–Sa 10–18, So 10–16 Uhr.

Ladengeschäft Töpferei Piezonka, Hauptstr. 41 (gegenüber der Kirche), www.toepfereipiezonka.de; Mo–Sa 9–18 Uhr.

Holzpantoffelmacherei Karolczak, Lindenstr. 5, Tel. 60414, www.pensionzumholzpantoffelmacher.de. Führung nach telefonischer Absprache.

Trachtenstickerei Christa Dziumbla, Wendenkönigstraße 9, Tel. 874, www.trachtenstickerei.de; tgl. 11–17 Uhr.

Spreewaldmühle, Hauptstr. 31 (Nähe Spreehafen). Hochwertige Mehle, Getreidekörner, Vollkornflocken und Gewürze; Di–Fr 10–12 und 13.30–18, Sa 10–16 Uhr.

Burg-Kolonie (Prizarske Bórkowy)

Aus der Epoche des Alten Fritz blieben in Burg-Kolonie etwa ein Dutzend **Neusiedlerhäuser** erhalten. Als eines der schönsten gilt das Giebellaubenhaus Kolonie Nr. 22, das um 1800 erbaut wurde. Auch die vielen **Streuobstwiesen** soll der Preußenkönig angeregt haben. Er erließ eine Anordnung, wonach jeder Bauer jährlich zehn Bäumchen zu pflanzen hatte. Und so blieb hier auch manche alte Apfelsorte erhalten. Und schließlich hat König Friedrich II. auch die Leinenweberei nach Burg bringen lassen. Als erstes verbot der Regent die Einfuhr sächsischen Leinens. Da er aber weiterhin Uniformenstoff benötigte, machte er der Konkurrenz 18 Weberfamilien abspenstig, die er aus dem zu dieser Zeit sächsischen Vetschau zum Umzug ins preußische Burg bewog. Wo heute das Hotel ›Zur Bleiche‹ steht, wurde 1750 der Grundstein gelegt, um hier die Uniformen der Soldaten erstmals in Preußen zu bleichen. Nach dem Siebenjährigen Krieg hatte der Preußenkönig aber das Interesse an seinen Webern verloren, ein Berliner kaufte das Anwesen. 1850 brannte die Fabrik ab, übrig blieben die Namen ›Leineweberfließ‹, ›Leineweberweg‹, ›Weberwiese‹ und ›Zur Bleiche‹. Auch das Hotelrestaurant ›17fuffzig‹ erinnert daran, eine Wand schmückt das Triptychon ›Leineweber‹, worauf die regionale Geschichte des Bleichens abzulesen ist. Als der Dritte Schlesische Krieg verloren zu sein schien, tauchte König Friedrich II. übrigens einige Zeit in Burg-Kolonie unter.

▲ Karte: hintere Umschlagklappe

Kneipp-Becken im Barfußpark

An der Straßenkreuzung Ringchaussee/Straße nach Vetschau/Straße nach Leipe werden seit 1958 in der **Mosterei Jank** einheimische Früchte zu leckeren Säften und Fruchtweinen verarbeitet. Im Verkaufsraum sind alte Maschinen und Utensilien aus der Hausmosterei ausgestellt; diese Technik war bis 1989 im Einsatz. Auch ein originales hölzernes Ortseingangsschild aus den 1930er Jahren ist hier zu sehen: ›Burg-Kolonie Kreis Cottbus Reg.-Bez. Frankfurt a/O‹. Nahe der Grenze Burg-Kolonie/Burg-Kauper, in der Schwarzen Ecke 21, findet sich die **Hofbrennerei** von Arno Ballaschk. Hier werden edle Obstbrände, Obstgeiste und -liköre gezaubert. Der Apfelbrand ist nach dem Hausdrachen ›plon‹ benannt, der Kirschbrand heißt nach den Spreewälder Irrlichtern ›bludniki‹, den Mirabellenbrand taufte man nach dem Wassermann ›nyks‹ und den Fruchtlikör nach den Sagengeistern ›lutki‹.

Am Kurfüstendamm 9, nahe dem Ortsausgang Richtung Naundorf/Fließdorf/Vetschau, befindet sich der **Barfußpark**. Das Barfußlaufen regt das Herz-Kreislauf-System an, steuert den Blutdruck positiv, stärkt die Abwehrkräfte und beflügelt die Psyche durch das bodenständige Naturerlebnis. Häufiges Barfußlaufen wirkt wie eine professionelle Flußreflexzonenmassage und ist kostenlos. Folgende Untergründe können die Füße erspüren: Feinen Sand, Holzhackschnitzel, Knüppeldamm, Fichtenzapfen, Feldsteinpfad, feine Kieselsteine, Buckelpiste eckig, Buckelpiste rund, niedrige Rundhölzer, Glasscherben sowie Stelzen-Rundholz-Kombination. Besonders schwierig ist das barfüßige Balancieren auf dem etwa zehn Zentimeter breiten und drei Meter langen Band. Da es niedrig über der Wiese gespannt ist, sind ›Abstürze‹ aber kein Beinbruch. Bitte betreten Sie den Rasen nur ohne Schuhwerk, denn das Personal reagiert sehr unwirsch auf Regelverstöße. Es ist geplant, das Barfußterrain noch zu erweitern.

Fischkasten am Fließ

Das Resort & SPA ›Zur Bleiche‹

In Burg beginnt die Spree zu bummeln. Nirgendwo sonst zwischen den Oberlausitzer Quellen und Berliner Mündung gönnt sie sich soviel Ruhe. Das ist auch die Philosophie des Resorts & SPA ›Zur Bleiche‹. »Hier ist das Wunderland ... das, dem rasenden Tempo der heutigen Zeit entrückt, einer verwunschenen Insel im brandenden Meere gleicht, auf der die Zeiger der Uhr rückwärts gehen, zu glücklichen Tagen... «. Das ist kein Zitat aus dem aktuellen Hausprospekt, sondern aus einer Werbebroschüre, die vor über 70 Jahren erschienen ist. Es trifft aber auch auf die heutige ›Bleiche‹ zu.

Im Jahr 1992 erwarben Christine und Heinrich Michael Clausing das einstige Ferienheim. Heute ist ihr Resort & Spa eines der besten Wellnesshotels in Europa mit außergewöhnlichen Annehmlichkeiten. 2011 wurde es wieder mit einem 1. Platz in der Kategorie Wellnesshotels bestätigt: »Feuer und Wasser – in der zum Spa umgebauten historischen Bleiche im Spreewald sind die Elemente ein Traumpaar ...«. So urteilte das Magazin ›Geo Saison‹, das in einer Ausgabe im Jahr 2011 ›die 100 besten Hotels in Europa‹ vorstellte. Ganz ähnlich fiel das Urteil des Berliner Fachjournalisten Bernd Matthies aus: »Es gibt vermutlich keinen anderen Ort, an dem die Gäste so konzentriert und in so kurzer Zeit entspannen, entschleunigen können.« Dazu trägt schon die Architektur im Äußeren und Inneren bei: Moderne Architektur vereint sich anheimelnd mit Historischem; vieles wurde aus abrissreifen Blockhäusern und Scheunen im Burger Umland gewonnen. Hier dürfen Holz und Ziegel ›weiterleben‹ und in Würde altern.

Zimmer sehr unterschiedlicher Größe stehen zur Auswahl. Die ›Storchennester‹ sind mit knapp 20 Quadratmeter die kleinsten Zimmer, liebevoll mit blumenbedrucktem Leinen ausgekleidet und ab 140 Euro pro Person mit Frühstück zu beziehen. Das geräumige Doppelzimmer kostet ab 220 Euro, die SPA-Suite mit ei-

Schwimmbad mit Galerie

Biergarten am hoteleigenen Kahnhafen

gener Sauna und Hamam 330 Euro, jeweils für einen Erholungssuchenden. Im Preis inbegriffen ist das Vergnügen der Landtherme. Das ist ein herrliches Badehaus mit mehreren Saunen, Ruheräumen und großem Innenbecken. Hier und im beheizten Außenpool gibt es keine Schließzeit, und so gestaltet sich das Baden unterm Sternenzelt zu einem besonderen Erlebnis. Und wer will, kann aus vierlerlei Anwendungen wählen – wenn man es sich leisten kann. Der Preis für das Kleine-Himmel-Bäderritual beispielsweise liegt bei 304 Euro.

Die Spreewälder Gourmetküche hat Oliver Heilmeyer aus der Taufe gehoben, seit 1997 Küchenmeister im der ›Bleiche‹ angeschlossenen Restaurant. Seit nunmehr einem Jahrzehnt zeigen die vielen Preisverleihungen, darunter der erste Michelinstern (2007) und die Auszeichnung Brandenburger Meisterkoch (2009), dass es sich lohnt, konseqent regionale Traditionen zu verfolgen und beständig zu verfeinern. Und so gilt das Restaurant ›17fuffzig‹ unter Kennern mittlerweile als einer der besten Gourmettempel im Land Brandenburg. Eine kleine Steigerung findet sich von Zeit zu Zeit gegenüber in der Blauen Küche: Nach Voranmeldung dürfen maximal acht Gäste nahe dem großen Herd sitzen. Der Küchenchef experimentiert und lässt die Auserwählten verkosten, was in den nächsten Wochen die Speisekarte bereichern soll. Der Sommelier des Hauses empfiehlt dazu den passenden Wein; interessanterweise lagern hier im Keller besonders viele gute Tropfen ostdeutscher Winzer.

Zwei à-la-carte-Restaurants und zehn Hotelrestaurants unter einem Dach – von elegant-edel bis zum rustikalen Blockhausambiente – lassen keine Wünsche offen. Wohl auch einzigartig hierzulande: Frühstücken können die Gäste, wann immer es ihnen beliebt. Wer erst nach 12 Uhr ausgeschlafen hat, bekommt es serviert, sonst lockt das leckere Buffet mit Spreewald-Bio-Produkten und den frischen Eiern.

Burg-Kolonie

Vorwahl: 035603; **PLZ**: 03096.
Infos: s. Burg-Dorf (S. 100).

Resort & SPA Zur Bleiche (€€€), Bleichestr. 16, Tel. 620, www.hotel-zur-bleiche.com. Hausgäste können die Therme kostenlos genießen. Tagesgäste auf Anfrage.

Ferienwohnungen in der Spreewald-Mosterei Jank (€€), Naundorfer Str. 2, Tel. 392, www.spreewald-mosterei.de.
Einst wurde der Most in hölzernen Weinfässern gelagert, hier wurden sie zu Schlafplätzen: Bett, Schrank und Regal in Form halber Fässer, an der Wand ein Apfelbäumchen. Die kleinere Ferienwohnung für 2 Pers., zwei Aufbettungen möglich, mit Küche. Die größere besitzt zwei Schlafräume sowie Küche (für 4 Pers. mit zwei Aufbettungen).

Fiedermannhof (€€), Erste Kolonie 13, Tel. 75960, www.fiedermannhof.de.
Sauna, behindertenfreundliche Ferienanlage.

Ferienhaus Rübesamen (€€€), Zweite Kolonie 18, Tel. 60997, www.spreewald-urlaub-online.de. Typischer Spreewälder Dreiseithof mit Ferienhäusern für bis zu 6 Personen mit Blockbau- Klinker- und Lehmwänden, alle mit Fußbodenheizung. Ruhige Lage direkt am Fließ sowie an Rad- und Wanderweg. Hier leben auch Hühner, Schafe, Kühe und Pferde - Ferien auf dem Bauernhof, ideal für Familien mit Kindern. Große Terrasse zum Grillen.

Koloniehof Burg (€€), Zweite Kolonie 33, Tel. 180956, www.koloniehof.de.
Fünf Ferienwohnungen mit Namen ›Taubenschlag‹, ›Futterkammer‹ und ›Hühnerhaus‹ an einer ruhigen Sackgasse (Zweite Kolonie). Fußbodenheizung in allen Räumen. Das neue Fachwerkgebäude mit Galerie gehört zu einem ortstypischen Dreiseitenhof aus der Mitte des 19. Jahrhunderts, direkt am Scheidungsfließ. Sauna, Fahrrad- und Paddelbootvermietung. Zu Fuß sind fünf Gasthäuser gut erreichbar.

Wasserwanderrastplatz Zum Jägerhof, Erste Kolonie 42, Tel. 750262, www.camping-jaegerhof-spreewald.de. Kleiner Imbiss mit Biergarten am Südumfluter, frischer Räucherfisch auf Bestellung.

Gourmetrestaurant 17fuffzig, im Resort & SPA ›Zur Bleiche‹, Bleichestr. 16, Tel. 620. Genießt deutschlandweit einen exzellenten Ruf; Di–Sa ab 18 Uhr.

Kolonieschänke, Ringchaussee 136, Tel. 6850, www.kolonieschaenke.de. Motto des Hauses: ›Unverfälschte kulinarische Gerichte, Zubereitung aus 100 Prozent biologischen Zutaten ... versprechen einen glücklichen Aufenthalt‹. Großer schöner Biergarten; tgl. 7–23 Uhr.

Barfußpark Burg, Kurfürstendamm 9, Tel. 59398, www.barfusspark-burg.de. Mit 12 Stationen, auch Bootsverleih, Kahnfahrten, Imbiss und Gasthaus. Apr.–Okt., Eintritt frei.

Paddelbootverleih Kullowatz, Naundorfer Str. 8, Tel. 892. Ganzjährig. Auch Obst und Gemüseverkauf aus eigenem Anbau, darunter riesige Gemüsepaprika.

Spreewaldmosterei Jank, Naundorfer Str. 2, Tel. 392. Verkauf von Most, Fruchtweinen und hochwertigem Essig. Durch das Lohnmostgeschäft fördert der Betrieb den Obstbaumbestand und die Artenvielfalt. Betriebsbesichtigung ab 6 Personen; Mai–Okt. Mo–Fr 12–18, Sa/So 10–12 Uhr.

Schau-Handwerkshof, Erste Kolonie 4, www.kunst-handwerk-burg.de. In einem historischen Hof von 1760 arbeiten und verkaufen Handwerker und Künstler ihre Waren (Malerei, Glas, Keramik, Drechselerei, Filzwerkstatt, Leinen, Tuch und Spitze); Do–Sa 10–17 Uhr.

▶ Karte: hintere Umschlagklappe

Burger Hofbrennerei Spreewälder Sagengeister, Schwarze Ecke 21, Tel. 888, www.spreewaelder-sagengeister.de. Verkostung, Verkauf und Besichtigung Apr.–Okt. Fr 14–18 u. Sa/So 11–18 Uhr, ansonsten Besichtigung auf Vorbestellung. Flaschenverkauf am Fr.

Burg-Kauper (Kuparske Bórkowy)

Der Ortsname Kauper leitet sich von den Kaupen ab. Kupa heißen im Sorbischen kleine Inselchen. Diese blieben auch bei den häufigen Hochwässern trocken und waren ideal zum Hausbau.

Aus Richtung Bismarckturm ist der **Badesee Willischza** mit zwei Stränden gut zu erreichen; dazu muss man von der Hauptstraße Richtung Byhleguhre nach links auf den Willischzaweg abbiegen. Der See ist attraktiv, überhaupt eine Seltenheit im Spreewald.

Heute erinnern nurmehr der Name des großen Hotels und die alten Eichen und Erlen an den einstigen Gasthof ›Eiche‹, dessen Küche Theodor Fontane in seinen ›Wanderungen durch die Mark Brandenburg‹ sehr lobte: »Das wäre kein Spreewaldsmahl, wenn kein Hecht auf dem Tische stände, und das wäre kein Hecht, wenn ihn nicht die berühmte Spreewaldsauce begleitete, die mir wichtig genug erscheint, um hier das Rezept in seinen äußeren Umrissen folgen zu lassen. Das Geheimnis dieser Sauce ... wenig Butter aber viel Sahne.« In den 1990er Jahren gab es um dieses Waldhotel einigen Streit. Die Spreewald-Biosphärenverwaltung warf dem Investor vor, größer und höher gebaut zu haben, als es genehmigt war. Dabei hatte sich der Hotelbesitzer nur der Vorfahren erinnert, denn zu Zeiten von König Friedrich II. durfte nicht abgerissen werden, was einmal stand. Inzwischen haben alle ihren Frieden auch ohne einen Rückbau gemacht.

Die **Pohlenzschänke** am Polenzweg 1 ist das wohl älteste Gasthaus im Spreewald, sie eröffnete um 1850. Im Jahr 1900 wurde der Altwendische Saal nach Entwürfen von Karl Friedrich Schinkel erbaut. Auf den Wandgemälden sieht man Bauten und Landschaften nahe der Pohlenzschänke. Gemalt hat sie ein Dresdner Kunstmaler um 1902. Die Wandmalereien im Jagd- und Fährmannszimmer – nur noch in Teilen erhalten – schuf der Lübbenauer Künstler Grüßer in Pastellfarben. 1928 ›wanderte‹ die als Blockhaus errichtete Schänke auf Rollen aus Erlenholz etwa 100 Meter, um Platz für den Bau des heutigen Backsteingebäudes zu gewinnen.

Das Hinweisschild **Ramonas Wiesenfühlung** an der Ringchaussee führt zum Spreewaldgehöft mit Freiluftlädchen (Leinöl, Honig, Senf und vieles mehr) sowie ganzjähriger Kahnfahrmöglichkeit, im Winter mit Wärmflasche und Holunderglühwein.

Burger Gurkenteller

Burg-Kauper

Vorwahl: 035603; **PLZ**: 03096.
Infos: s. Burg-Dorf (S. 100).

Landhotel (€€€), Ringchaussee 125, Tel. 646, www.landhotel-burg.de. Vielfältige Beauty- und Wellnessangebote (auch Hamam, Rasul und Privat-Spa), Restaurant ›Wendenkönig‹ und Fischrestaurant ›Aquario‹ sowie italienisches Restaurant ›Il Fienile‹ nebenan. Fahrradausleihe, Haustiere erlaubt. Für Kinder Spielzimmer und Streichelzoo, neue Adventure-Minigolfanlage mit 18 Bahnen.

Ringhotel Waldhotel Eiche (€€–€€€), Eicheweg, Tel. 67000, www.waldhotel-eiche.de. Ruhe und Beinahe-Einsamkeit auf einer Waldlichtung nahe dem Großen Fließ, Funkloch – kein Handyempfang! Acht Kilometer von Burg-Dorf entfernt. Eigener Kahnfährhafen, Liegewiese, Volleyballfeld, Sauna.

Seehotel Burg (€€€), Willischzaweg 69, Tel. 650, www.seehotel-burg-spreewald.de. Am Badesee Willischza, mit 14 Suiten im Romantikhof ›Seerose‹ und Wellnessdorf ›Arche Noah‹ mit Wasserruhebetten, drei Saunen und Naturbadepool. Ruhehäuschen in Blockbauweise mit Bibliothek. Fahrradausleihe, auch E-Bikes und Kinderanhänger; Wintergartenrestaurant tgl. 12–21.30 Uhr.

Zum Schlangenkönig (€€–€€€), Waldschlösschenstr. 14, Tel. 75930, www.zum-schlangenkoenig.de. Neue Pension als Kopie eines echten Spreewaldhauses mit typischer Galerie und Blockhausfront in herrlicher Natur. Neun Ferienwohnungen, darunter vier Suiten mit Kamin sowie eigener Dampfsauna, und 16 romantische DZ mit Fußbodenheizung, Ferienwohnungen mit Küche, auch Brötchen- oder Frühstücksservice (8,50 €/Pers.) möglich. Kahn- oder Paddelbootfahrten ab Haustür.

Ferienhaus Eulenschlupf (€€€), Nordweg 7, Tel. 61304, www.eulenschlupf-spreewald.de. Ferien bei den Schleiereulen in der komfortablen und sehr stilvoll eingerichteten alten Blockbohlenscheune. Die Ferienhausbesitzer haben ihre alten Bewohner nicht vergessen. Der Eulenkasten ist so in das Gebäude integriert, dass Schleiereulen weiter ihre Jungen aufziehen können. Bis zu sieben Eulen bevölkerten in den zurückliegenden Jahren den Hof. Komplettes Haus für bis zu 6 Pers. und zwei Kinder, wochenweise Vermietung bevorzugt, Kurzzeitvermietung ab 3 Nächte.

Wassermannapartments (€€), Willischzaweg 29, Tel. 75490, www.wassermann-burg.de. Großer Ferienhof nahe dem Badesee Willischza. Familienwohnungen für 2–6 Pers. mit kompletter Küche, Bäder mit Dusche oder Wanne, auch Grillplatz und Brötchenservice.

Pohlenzschänke, Polenzweg 1, Tel. 298, www.pohlenzschaenke.de. Spreewälder Küche, Biergarten unter schattigen Eichen. Tipps: Welsfilet in Spreewaldsoße mit Gurkensalat und Kartoffeln sowie Spreewälder Pökelfleisch auf Meerrettichsoße mit Gurkensalat und Kartoffeln; Apr.–Okt. tgl. 10–18 Uhr.

Ristorante Il Fienile, Ringchaussee 125 (am Landhotel), Tel. 64820 und 646, www.il-fienile.de. Pizza aus dem Steinofen, modernes Ambiente auf zwei Ebenen mit Galerie und Einblick in die Küche, auch Sommerterrasse; tgl. ab 12 Uhr.

Café Rosenrot & Feengrün, Ringchaussee 108, Tel. 547. Lauschige Wiese hinter dem Haus, Plätze in modernem Ambiente. Hauseigene Marmeladenmanufaktur (ca. 30–40 Sorten stehen zum Verkauf, verwendet werden außer Aronia nur regionale Früchte); Ostern–Okt. Mi–So 11–18 Uhr.

Hafen Waldschlösschen, Tel. 536, www.spreewaldhafen-online.de. Rundfahrten (2–3 Std.), Hochwaldtour (4–5 Std.), ab Nov. tgl. 11 u. 13.30 Uhr winterliche

▶ Karte: hintere Umschlagklappe

Kahnfahrten mit wärmenden Decken und Glühwein. Bootsverleih.

Kleiner Speewaldhafen, Waldschlösschenstr. 3, Tel. 61300, www.kleinerspreewaldhafen.de. Kahnfahrten, Bootsausleihe, Feiern in der Wendischen Holzstube mit Kamin.

Hafen Zur alten Aalreuse, Waldschlösschenstr. 17, Tel. 60626, www.kahnfahrten-online.de. Kahnfahrten und Bootsverleih.

Bootsverleih

Bootsverleih Lukas, Willischzaweg 43, Tel. 867.

Bootshaus Conrad, Schwarze Ecke 1, Tel. 341.

Bootshaus Rehnus, Waldschlösschenstr. 39, Tel. 366.

Zeltplatz am Ostgraben bei Fam. Seyberth, Tel. 18773.

Biberhof Burg, Nordweg 49, Tel. 753232, www.biberhof-spreewald.de; tgl. 10–18, in den Ferien 10–20 Uhr. Tierhof mit vielen Wild- und Haustieren, in der ehemaligen Biberscheune schwimmen hauptsächlich Fische aus dem Spreewald in einem großen Aquarium. Übernachten kann man hier in einem reetgedeckten Ferienhaus, am Wochenende kommt Spreewälder Räucherfisch aus dem eigenen Ofen.

Ölmühle Familie Ballaschk, Nordweg 51, Tel. 226, www.burgerleinoel.de. Hier gibt es das kaltgepresste Leinöl in Rohkostqualität.

Ramonas Wiesenfühlung & ›**Hagens Insel**‹, Weidenweg 4, Tel. 61839. Abgelegener Spreewaldhof mit Verkauf regionaler Produkte, ganzjähriger Kahnfährbetrieb, Holzkahn-Ausleihe, lauschige Plätzchen zum Angeln; tgl. 10–18 Uhr.

Am Badesee Willischza

Byhleguhre (Běła Góra)

Byhleguhre ist in Deutschland zweifellos ein merkwürdiger Name für ein Dörfchen. Er setzt sich aus den niedersorbischen Begriffen beła (weiß) und aus gora (Berg) zusammen und verweist auf einen Hügel mit einst hellem Sand. Dieser Hügel ist heute grasbewachsen und liegt hinter dem Ortsausgang an der Chaussee nach Straupitz. Hier stand einst das alte Byhleguhre. 1740 legte ein Bettler das Dorf in Brand. Der sorbische Klang des Ortsnamen störte die Nationalsozialisten: In der Zeit des ›Tausendjährigen Reiches‹ hieß die Siedlung deshalb Geroburg.

Seit 1470 gehörten die Ländereien den Herren von Straupitz. Erhalten blieb ein typisches und ansehnliches Straßendörfchen mit Bäckerei und Dorfladen im zu DDR-Zeiten errichteten Gebäude.

Am Ortsende Richtung Lieberoser Heide, beim Heideweg nach Fehrow, versteckt sich linker Hand ein **Badeteich** mit hellem Strand. Der viel bekanntere **Byhleguhrer See** befindet sich etwa auf halbem Wege zwischen Byhleguhre und Straupitz, nahe der Hauptstraße.

Byhleguhre

Vorwahl: 035475; **PLZ**: 15913.

Pension Wiedehopf (€€), Fam. Hiekel-Renner, Dorfstr. 100, Tel. 15331, www.ferienwohnung-wiedehopf.de. Ruhig und idyllisch am Ortsende mit Küche, Sauna (mit Schwimmteich) und großem Garten. Nur wenige Schritte bis zum Badeteich.

Pension im Reiterhof, Byhleguhrer Str. 6, in Schmogrow-Fehrow (von Byhleguhre über Neu-Byhleguhre und Saccassne zu erreichen), Tel. 035603/754738, www.reiterhof-spreewald.de. Herrlicher Reiterhof, sehr ruhig mitten in der Pampa und nahe am Waldrand gelegen. Kleiner Streichelzoo mit Schafen, Reitunterricht, Geländeritte, Reiterferien, Kutsch-, Kremser- und Schlittenfahrten.

Bäckerei Kuhla, Byhleguhrer Dorfstr. 15; Mo Ruhetag.

Fischerei Byhleguhrer See, OT Byhlen, Dorfstr. 41a, Tel. 255. Frischfisch, Räucherfisch, Fischsuppe.

Am Byhleguhrer Badeteich

Karte: hintere Umschlagklappe

Straupitz (Tšupc)

Viele Besucher staunen, dass in dem kleinen Ort Straupitz eine so große Kirche steht. Sie ist nicht nur die Hauptattraktion des Dorfes, sondern weit über den Ort hinaus bekannt. Er kann neben der imposanten Kirche noch mit anderen Sehenswürdigkeiten aufwarten, unter anderem einer Hollandermühle.

Kirche

Die klassizistische Kirche wurde von 1827 bis 1832 nach Plänen des berühmten Baumeisters Karl Friedrich Schinkel erbaut, und seine Handschrift drückt sich in der klaren Formensprache unverkennbar aus. Es erscheint verwunderlich, dass sich dieser Stararchitekt für den Bau einer Dorfkirche interessierte. Dazu muss man wissen, das Ernst Christoph Freiherr von Houwald ein leidenschaftlicher Dichter war. Er schrieb Dramen und Theaterstücke, die auch am königlichen Hof in Berlin aufgeführt wurden und denen mitunter auch der Geheime Oberbaurat Schinkel beiwohnte. Nach dem Tod des Freiherrn von Houwald nutzte sein Nachfolger, der Bruder Carl Heinrich Ferdinand, die Kontakte nach Berlin und bat Schinkel um Entwurfskizzen für eine große Dorfkirche, und dieser lieferte das Gewünschte innerhalb von nur 14 Tagen. Nach einem königlichen Dekret durfte eine Dorfkirche nicht mehr als 8000 Taler kosten. Aber Straupitz war kein normales Dorf, sondern eines mit acht Gemeinden und 1300 Kirchgängern. Anfang des 19. Jahrhunderts gehörten sieben Dörfer zur Herrschaft derer von Houwald. Planungsgrundlage für Schinkel waren 1700 Gläubige, für die in der Kirche Platz zum Gottesdienst geschaffen wurde – man rechnete mit einer wachsenden Bevölkerung. Die Kirche ist also kein Ausdruck von Größenwahn, sondern wurde so großzügig

Die eindrucksvolle Florentineneiche

dimensioniert, damit alle Gläubigen Platz finden konnten.

Schinkel meinte: »Kirchenbauten, welche für Tausend Plätze massiv gebaut werden sind daher immer nicht unter 20 000 bis 24 000 Talern ... auszuführen, wenn sie nicht ... Schuppen oder Scheunen ähnlich werden sollen.« Zwei Drittel der Baukosten steuerte von Houwald bei, 2000 Taler gab der König, den Rest spendeten die Gläubigen. Mittlerweile vollständig rekonstruiert, ist die Kirche heute das Schmuckstück des Dorfes. Imposant wirken die doppelreihigen **Rundbogenfenster**, besonders eindrucksvoll ist die Südfassade mit den zwei 40 Meter hohen und flach abschließenden **Türmen** im Stil italienischer Campanile, die durch einen Galeriegang verbunden sind.

Hell, hoch und weit – das sind die ersten Eindrücke, die der Besucher vom Inneren gewinnt. Zumindest eine der drei Türen ist immer offen, und man kann durch ein hölzernes Gitter Einblicke erhaschen. Grün, weiß und gold sind die bestimmenden Farben des in typischer Schinkelmanier von Schlichtheit geprägten Raumes. Illusionistische **Wandmalereien**, so die plastisch erscheinende

Eine große Kirche für ein kleines Dorf

Kassettendecke im Altarraum, der **Altar** und der sechseckige **Taufstein** (stammt aus der Vorgängerkirche aus dem 17. Jahrhundert) sowie die **Grabmäler der Familie Houwald** sind zu besichtigen. Die fünf großen **Gemälde** sind Arbeiten der Maler Karl Ulrich Bähr und Johann Friedrich Matthäi (um 1840). Letzterer war zeitweilig Direktor der Dresdner Kunstakademie.

■ Kornspeicher

Auf halbem Weg zwischen Kirche und Schloss steht ein Fachwerkgebäude mit vielen hölzernen Lüftungsklappen: der Kornspeicher. Von 1798 an diente er seiner eigentlichen Aufgabe, das Getreide der Grafenfamilie Houwald zu trocken und gut geschützt vor Schädlingen aufzubewahren. Dazu wurden Getreide, Buchweizen, Hirse und Leinsamen ausgebreitet und regelmäßig gewendet. Die Lüftungsklappen waren einst mit Drahtgeflecht zum Schutz vor Vögeln versehen und sind heute durch Glasscheiben ersetzt. Mit einem Flaschenzug – heute noch vorhanden – wurden die Getreidesäcke in das oberste Stockwerk gezogen. In der oberen Etage (Glaube) standen die Säcke zum Zwischenlagern, auf dem Boden der beiden mittleren Stockwerke lag das Getreide ausgebreitet, und im Erdgeschoss konnte das benötigte Korn über eine Schütte wieder in Säcke gefüllt werden. Die komplette rechte Seite besitzt massives Mauerwerk bis ins Obergeschoss und diente als Eiskeller. Die gefrorenen Stücke holte man mit Fuhrwerken aus dem Straupitzer See. Noch bis 1992 lagerte man im Kornspeicher das Futtergetreide, es wurde geschrotet und in Säcke abgepackt. Das Gebäude war ab 1993 ungenutzt und bereits wenige Jahre später eine abrissreife Ruine. Heute wird das sorgfältig instandgesetzte Gemäuer als Café, Schautöpferei und Ausstellungsraum – Schlafkammer, Bauernküche und -wohnstube sowie Klassenzimmer – genutzt.

Gegenüber dem Kornspeicher befindet sich der kleine **Fährhafen**. Von hier star-

▲ Karte: hintere Umschlagklappe

ten die Kähne zu den Fließen des Straupitzer Schlossparks mit 22 Erlebnispunkten zu Fauna und Flora. Ein Audioguide in Form eines Karpfens ›erzählt‹ dem Besucher beispielsweise, was man unter einer ›Keilerbank‹ versteht und lüftet das Geheimnis der Irrlichter im Spreewald.

Das nahegelegene ehemalige **Schloss der Grafen von Houwald** wird heute als Schule genutzt. Das Schloss war einst der Herrschaftssitz der Grafschaft Straupitz, 1655 erwarb der schwedische General Christoph von Houwald den Besitz. Am Schloss wurde bis 1798 gebaut. Äußerlich erscheint das Gebäude heute eher wie ein stattliches Gutshaus aus der Epoche des Spätbarocks, ohne jeglichen Zierrat. Hinter dem Schloss schließt sich ein kleiner Park an.

Holländermühle

In der Laasower Straße steht eine Holländerwindmühle von 1850. Sie besaß seit 1923 keine Flügel mehr und war seit 1964 nur noch von einem Notdach vor Wind und Wetter geschützt. Heute hat sie eine komplett neue Turmhaube aus Holland sowie neue Flügel.

Drei Treppen sind zu steigen, um in die Turmhaube – frei drehbar und 25 Tonnen schwer – zu gelangen. Die Flügelwelle aus Kiefernholz setzt ein 3,2 Meter großes Kammrad aus Eichenholz in Betrieb. Beim Bau einer Holländerwindmühle sind etwa die dreifachen Kosten im Vergleich zu einer Bockwindmühle aufzubringen. Das Straupitzer Exemplar ist als Korn-, Öl- und Sägemühle nutzbar und heute die einzige funktionstüchtige Dreifachmühle Europas. Von 1912 bis 1939 betrug die maximale Tagesleistung 1,5 Tonnen Getreide. Der Bremsfahrstuhl für den Müller, ein Seilzug aus dem Jahr 1912, funktioniert noch heute perfekt. Aber er ist nur für den Besitzer, denn eine TÜV-Abnahme käme kaum in Frage.

Im dicken ›Bauch‹ der Mühle wird auch das leicht nussig schmeckende Leinöl gepresst; die bewährte Technik dafür stammt aus dem Jahr 1910, und man darf dabei zusehen, wie geröstet oder gepresst wird. Der Ölmüller lässt die Besucher das Öl verkosten und erzählt auf Nachfrage gern etwas über dessen Wunderwirkungen bei regelmäßigem Verzehr. Es ist ein natürliches Heilmittel, von dem aber kaum noch einer weiß. Es wirkt gegen Arterienverkalkung, hilft den Blutdruck zu senken, vermeidet Zuckerkrankheit und gilt auch als Vorbeugemedizin gegen Krebs. Leinöl ist der Weltrekordhalter an Alpha-Linolensäure. 100 Gramm Leinöl enthalten etwa 55 Gramm davon, das weitaus beliebtere Olivenöl nur 0,9 Gramm.

Wahrscheinlich ist die Straupitzer Leinölmühle die letzte funktionierende ihrer Art in Deutschland. Gegenwärtig wird Bio-Leinsaat aus Belgien verarbeitet, da Leinsamen aus Kanada genmanipuliert sind. Eine **Ausstellung** zeigt den Weg vom Flachs (lateinisch linum=Lein) zu Leinwand und -öl. Die **Sägemühle** (um 1900) ist original erhalten, aber wegen Unwirt-

Der frühere Kornspeicher

schaftlichkeit nur noch zu Vorführungen in Betrieb.
Heute ist die Straupitzer Windmühle eine der am häufigsten besuchten in Deutschland, wovon auch die 100 Fahrradständer künden. Im **Café Müllerhaus** werden das frischgepresste Leinöl und mit Leinölkuchen gebackenes Brot verkauft. Drinnen und auf der Terrasse kann man sich auch das ›Spreewaldessen‹ schmecken lassen: Pellkartoffeln mit Leinöl und Quark.
Knapp einen Kilometer westlich vom Ortszentrum erhebt sich der einstige **Weinberg**, mit knapp 80 Metern der höchste Hügel im Spreewald. Am Südhang gedeihen seltene wärmeliebende Pflanzen, bis Anfang des 19. Jahrhunderts reiften hier sogar Weintrauben.

Wanderung von Straupitz zur Byttna und weiter nach Byhleguhre

Von der Kirche in Straupitz führt eine kaum befahrene Straße zur Byttna mit den legendären Rieseneichen. Etwa drei Kilometer sind vom südlichen Ortsrand aus zu laufen, wo sich auch das Schloss befindet. In der Nähe wurde Mitte der 1990er Jahre ein Hafenbecken für die Kleine Kahnfahrt eröffnet. Die großflächige Komplexmelioration sowie der Bau des Nordumfluters zu DDR-Zeiten trennten den Ort von den Wasserläufen des Spreewaldes. Einst konnte man sich von hier Richtung Erlenhochwald/Straupitzer Buschmühle staken lassen.
Der Weg schwenkt nach links, und kurze Zeit später sind die Eichen von Byttna (auf Deutsch: Heiliger Gang) erreicht. Die stattlichen Eichen trugen einst Schilder mit Namen von Familienmitgliedern derer von Houwald. Zur Zeit der slawischen Besiedelung befand sich an Ort und Stelle eine Wallanlage. Ungefähr 300 Meter weiter, etwas abseits am Waldrand, taucht der stärkste Baum-Methusalem auf, die Florentineneiche. Leider schon Jahrzehnte ohne Leben, erweckt dieser Riese dennoch Ehrfurcht vor der Natur. Er ist etwa 1000 Jahre alt, misst einen Stammumfang von mehr als 8 Metern und ist 18 Meter hoch.
Nun folgen wir dem Wegweiser, der uns zum Byhleguhrer See lenkt. Der Weg führt anfangs durch Mischwald verläuft erst parallel der Straße. Nun biegen wir zum See ab. Das Gewässer ist knapp zwei Kilometer lang und 500 Meter breit und wird nur von Quellen gespeist. Für Spaziergänger existiert ein markierter Pfad rund um den See. Am Südufer steht das Gasthaus ›Am See‹. Von hier führt ein Asphaltweg – anfangs durch Kiefernwald, später auf der Chaussee – in das Dorf Byhleguhre.
Länge: 7 Kilometer.

Straupitz

Vorwahl: 035475; **PLZ**: 15913.
Touristeninformation Oberspreewald, Kirchstr. 11, Tel. 80977, www.teg-lds.de.

Haus Am See (€), am Byhleguhrer See, Tel. 804811, www.dashausamsee.de. Auch Hüttenvermietung und Zeltplatz (Zelt 4–5 Euro, pro Pers. 3 Euro, Auto 1 Euro, Stromanschluss 3 Euro, Frühstück 6 Euro); Gasthaus während der Saison ab März tgl. ab 11 Uhr (bei schlechtem Wetter besser vorher anrufen!).
Spreewaldpension Fünf Linden (€–€€), Lutherweg 1, Tel. 15488, www.fuenf-linden.de. Apartments und Ferienwohnungen.
Pension Straupitzer Buschmühle (€€), Buschmühle 1, Tel. 035603/189830, www.pension-buschmühle.de. Am Radweg

▸ Karte: hintere Umschlagklappe

Technisches Denkmal mit Ausstellung: die Holländermühle

nach Burg, 5 km südlich von Straupitz in Alleinlage. Fünf moderne Ferienwohnungen, hauseigener Steg am Fließ.

Restaurant Zur Byttna, Cottbuser Str. 28, Tel. 80838. Mit Biergarten; Mi–Sa 11–24, So ab 10 Uhr.

Kornspeicher, Kirchstr. 12, Tel. 804709, www.kornspeicher-straupitz.de. Im historischen Getreidespeicher auf halbem Wege zwischen Schinkelkirche und Schloss. Schöne Terrasse unter schattigen Bäumen und Blick zum Kahnfährhafen; Mai–Sept. Di–So 10–18 Uhr, Apr. u. Okt. Di–So 11–17 Uhr, Nov./Dez. Mo–Fr 12–16, Sa/So 11–17 Uhr.
Naturkaffeegarten Jank, Cottbuser Str. 22, Tel. 804803. Idyllische überdachte Terrasse. Tipp: Leckere Fischsülze aus Spree-Zander; ab Karfreitag bis Ende Okt. tgl. 11–open end.

Holländerwindmühle, Laasower Str. 11a, Tel. 16997, www.windmuehle-straupitz.de; Di–Fr 9–18, Sa/So 10–17 Uhr (Apr.–Okt.), Juli/Aug. auch am Mo 10–17 Uhr. Jan.–März u. Okt.–Dez. Mo–Do 9–17, Fr 9–14 Uhr.
Im Müllerhaus befindet sich ein Café.
Schinkelkirche, Di–Fr 11–12 u. 15–16 Uhr oder nach Voranmeldung unter Tel. 496.
Ausstellung Spreewaldbahnhof Straupitz, am Ortsausgang Richtung Butzen/Goyatz, Sa ab 9 Uhr.

Kahnfährhafen Straupitz am alten Kornspeicher, Tel. 0157/74280844.

Werben (Wjerbno)

Das Dorf Werben ist nur einen Katzensprung von Burg/Spreewald entfernt und erste Station auf dem Gurkenradweg nach Cottbus. Der Ortsname geht auf das wendische Wort wjerba zurück, was Weide bedeutet. Noch Ende des 19. Jahrhunderts waren von den etwa 2500 Einwohnern nur fünf Prozent Deutsche. Die meisten Zuzügler hatten sich sprachlich assimiliert, so dass nur etwa ein Prozent der Werbener kein Niedersorbisch/Wendisch sprach.

Die Dorfkirche mit dem auffälligen Zinnenkranz

Die spätgotische **Backsteinkirche** aus der ersten Hälfte des 15. Jahrhunderts besitzt einen markanten Zinnenkranz. Sehr dekorativ erscheint das Deckengemälde des Kirchenschiffs mit Blumen und Gemüse. Daher nennen die Einheimischen ihre Kirche auch ›Gemüsekirche‹. Sie wurde zur ›Radwegekirche‹ erklärt, es besteht freier Zugang auf der Nordseite.
Der **Landgasthof & Hotel Zum Stern** gegenüber genießt einen guten Ruf. Spreewaldkoch Peter Franke unternimmt mit seinen Gästen Streifzüge durch den Burger Kräutergarten, um saisonale Kostbarkeiten zu ernten, und lehrt, alte Gemüsepflanzen wieder zu achten. In einem Burger Doppelstubenhaus, einem 150-jährigen reetgedeckten Lehmhaus,

▲ Karte: hintere Umschlagklappe

Erinnerung an die alte Spreewaldbahn

ist die **Spreewälder Kräutermanufaktur** beheimatet. Hier zeigt der Küchenchef traditionelle Techniken und verrät alte Rezepte, die Teilnehmer bereiten Spezialitäten zu, die man nur selten kaufen kann, anschließend verkosten sie gemeinsam die gesunde Spreewaldkost. Das von Peter Franke angewandte Motto der Kräutermanufaktur wurde bereits im Jahr 1811 von John Frank Newtown geprägt und lautet: ›Vorwärts zurück zur Natur‹.

Ein **Gedenkstein** erinnert an Matthäus Kossick/Mato Kosyk (1853–1940), einen bedeutenden niedersorbischen Dichter, Farmer und Pfarrer für deutsche Immigranten: Er lebte von 1883 bis 1886 sowie von 1887 bis 1940 in den USA, seine Werke wurden aber weiterhin in der Heimat verlegt. Die Trilogie: ›Serbskich woścow śerpjenja a chwalba‹ (Der sorbischen Vorväter Leiden und Lobpreis) beschreibt den Widerstand der Wenden/Sorben gegen ihre Unterdrücker. Seine Hauptarbeit ›Die sorbische Hochzeit im Spreewald‹ ist noch immer eine interessante historische Quelle. Im Nachbardorf Briesen trägt die Grundschule den Namen des Dichters. Der Gedenkstein aus poliertem Granit steht an der Hauptstraße am Ortsausgang Werben Richtung Burg, gegenüber der großen reetdachgedeckten Infotafel.

Von Werben führt ein schöner **Radweg** durch Kiefernwald über Ruben weiter nach Zahsow und Cottbus (12 km). Zahsow (Cazow) – der sorbische Ortsname ist von casy = Ruß abgeleitet – war bis 1874 der Cottbuser Klosterkirche eingepfarrt. Die Gläubigen mussten damals noch einen weiten Kirchgang auf sich nehmen.

In **Zahsow** lädt das **Gasthaus Zur Linde** ein, davor befindet sich ein kleiner hübscher Biergarten mit nur zwei Tischen. Kurz vor der Stadt Cottbus kommt man am **Flugplatzmuseum** vorbei.

Werben

Vorwahl: 035603; **PLZ**: 03096. www.amt-burg-spreewald.de.

Landgasthof & Hotel Zum Stern (€€), Burger Str. 1 (an der Straße von Burg nach Cottbus), Tel. 660, www.hotel-stern-werben.de. Moderne Standardzimmer, Bowlingbahn. Sehr gute und preiswerte Spreewaldküche, ganzjährig Koch- und Infokurse wie ›Spreewälder-Koch-Akademie für Hobbyköche‹ oder ›Spreewälder-Gurken-Akademie‹, hauseigene Kräutermanufaktur im Arznei- und Gewürzpflanzengarten in Burg. Infos und Termine: www.spreewald-kraeutermanufaktur.de.

Ferienwohnung im Storchenhof (€), in Zahsow, Dorfaue 6, Tel. 089/32455234, www.storchenhof-zahsow.de. Sehr ruhige Lage in der historischen Dorfaue.

Gasthaus Zur Linde in Zahsow, Tel. 0355/28375; Mi–Fr ab 15, Sa 12–16 u. So 10–17 Uhr.

Kirche Werben, freier Zutritt von Ostern bis zum Reformationstag.

Briesen (Brjazyna)

Der slawische Ortsname bedeutet so viel wie Birkenort; heute ist der Anger allerdings von Linden flankiert. Briesen markiert den östlichsten Rand des Oberspreewaldes.

Die Briesener **Kirche** trägt ein gotisches Gewand. Solide aus Backstein erbaut, schmückt ein Staffelgiebel die Ostwand. Drinnen arbeiteten ein Muskauer Meister mit Sohn und Schwiegersohn drei volle Jahre. »120 Taler bar, 4 Scheffel Korn, 1 Schwein, 1 Schaf und sonstige Naturalien« kostete der Kirchgemeinde der Altar, wie eine Rechnung von 1701 beweist. Bewunderungswürdig sind die farbigen Kalkmalereien aus dem Mittelalter. Eine Bilderbibel für die meist leseunkundigen Dörfler, bäuerlich und naiv, aber prall mit Leben gefüllt. So sieht man die guten Taten des Gottvaters und die bösen Laster der Menschheit. Durch eine gewölbte Pforte sind Menschen auf dem Wege zum Jüngsten Gericht. Sünder ziehen Grimassen und tragen Narrenkappen. Daneben bläst ein Dudelsackpfeifer, begleitet von einer lautespielenden splitternackten Frau – die Versuchung des Leiblichen –; vielleicht war sie einer der Gründe für das spätere Übertünchen. Erst in den 1950er Jahren kamen die Fresken beim Renovieren wieder zum Vorschein. Die einstigen Künstler sind unbekannt, der Einfluss böhmischer oder polnischer Meister ist denkbar.

Die Wandmalereien in der Kirche stammen aus dem Spätmittelalter

Ein **Fußweg nach Dissen** (4 km, gelb markiert, 1 Std.) führt von der Briesener Kirche an der Straße nach Striesow entlang. An den letzten Häusern von Briesen zeigt das Hinweisschild nach rechts, ab hier folgt man der gelben Markierung, die durch Kiefernwald und entlang von Feldern führt; der Weg ist für den Autoverkehr gesperrt. Später geleitet eine junge Eichenallee geradewegs nach Dissen, wo man das hübsche Heimatmuseum und eine zweite interessante Kirche besichtigen kann.

Briesen

Vorwahl: 035606; **PLZ**: 03096. www.amt-burg-spreewald.de.

Briesen ist aus Richtung Cottbus sowie aus Burg/Spreewald mehrmals tgl. mit dem Bus Nr. 47 zu erreichen (Ausstieg Friedhofsweg oder Guhrower Straße).

Alter Spreewaldbahnhof Briesen, Dorfstr. 93, Tel. 40455. Im alten Stationsgebäude, direkt am Radweg Burg–Briesen–Cottbus (Gurkenradweg). Große Terrasse mit Blick über die Felder. Tipp: Hirsekraut mit Kürbiskompott oder Spreewälder Meerrettichsuppe; tgl. ab 12 Uhr.

Ballhaus Eiche, Dorfstraße 64, Tel. 40888, www.schlodder-gastronomie.de. Hochzeiten und private Feiern.

Anmeldung zur Briesener Kirchenbesichtigung bei Frau Hotzkow, Tel. 259; Infos: www.briesen-kirche-mit-fresken.de.

▲ Karte: hintere Umschlagklappe

Dissen (Dešno)

Das kleine Dorf Dissen »wäre eigentlich ein ganz normales Dorf, wenn es da nicht die vielen Storchennester, die wunderschöne Fachwerkkirche und das liebevoll geführte Heimatmuseum gäbe ...«, schrieb einmal ein Journalist zutreffend: Acht bis zwölf Nester werden pro Saison bebrütet. Damit gehört Dissen zur ersten Liga der deutschen Storchendörfer und befindet sich in dieser Rangfolge an 5. oder 6. Stelle.

Dorfkirche (1740, 1936/37) und Dorfschule (1899) bilden ein hübsches Ensemble. Noch bis in die 1950er Jahre sprachen die Dörfler fast ausnahmslos wendisch, und seit 1987 werden in der Kirche wieder Gottesdienste in wendischer Sprache abgehalten. Neben der Kirche befindet sich die einstige **Dorfschule**, heute das **Heimatmuseum**. Besonders die Trachten finden ihre Bewunderer. So sitzen junge und alte Frauen einträchtig in der Spinnstube, in drei anderen Räumen sind Arbeits- und Festtagskleider zu sehen. Die wattierte Wintertracht ist so schwer, dass sie ganz von selbst auf dem Fußboden steht. In einer Glasvitrine werden Braut, Brautjungfer und Hochzeitsbitter präsentiert: Am hübschesten ist die Brautjungfer, denn sie musste noch unter die Haube gebracht werden. So stahl sie der Braut glatt die Schau. Kräftige Farben der Röcke ließen die Männerwelt wissen: Diese ist noch zu haben. Gedeckte dunkle Farben blieben den bereits ›versorgten‹ Frauen vorbehalten.

In der großen Dissener **Fachwerkkirche** gefallen die mit Pflanzenornamenten verzierten Deckenbalken und die Bildergeschichte zum Leben Jesus mit deutsch-wendischen Sprüchen an der Empore. Mitte der 1930er Jahre überlistete Pfarrer Bogumil Šwjela die braunen Machthaber: Für die Renovierung bat er die Behörde um die Erlaubnis, zu beiden Seiten der Bilder kurze Texte anbringen zu dürfen. Dass jeweils einer in der verbotenen wendischen Version vorgesehen war, verschwieg Šwjela. Auf der Westseite befindet sich im großen Glasfenster am Hauptportal ein Davidstern aus Bleiglas, im Jahr 1937 eingelassen und mit den sorbischen Nationalfarben rot-weiß-blau geschmückt.

Im April 1945 fanden Soldaten der Roten Armee in der benachbarten Schule Hakenkreuzfahnen und Uniformteile der Wehrmacht. Das Schulhaus wurde wie die Pfarrscheune angezündet. Die Rotarmisten wollten anschließend auch die Kirche abfackeln, aber innen sahen sie slawische Buchstaben. Als die Texte ins Russische übersetzt waren, gab der Offizier den Befehl, die Kirche stehen zu lassen. Welche Ironie des Schicksals: Erst waren die wendischen Sprüche acht Jahre lang verpönt, dann aber bewirkten allein sie den Schutz der Kirche.

Nördlich der Kirche wuchs die slawische Siedlung **Stary lud** (Altes Volk) als authentische Kopie: Fünf Grubenhäuser geben Einblicke in das Leben, wie es sich hier vor 1000 Jahren abgespielt hat. Beim Slawischen Mittelalterfest Ende Mai werden fast vergessene Handwerkstechniken belebt, so entstehen Birkenpech und farbige Perlen.

Spinnstube im Heimatmuseum

Die neue Spreeaue bei Dissen

Die Spree nahe Maiberg und Dissen hat sich in jüngerer Zeit mit einer Flussrenaturierung auf elf Kilometern verändert wie seit der letzten Eiszeit nicht mehr. Sogar urzeitlich anmutende Heckrinder (Nachzüchtung der ausgestorbenen Auerochsen und hier als Aueroxen bezeichnet), Wildpferde und Wasserbüffel streifen durch die Aue. Zwischen der Dissener Flur und Maiberg investierte der Energiekonzern Vattenfall einige Millionen Euro, um die Spree zu renaturieren. Er stand in der Pflicht, einen Ersatz für die vom Tagebau Cottbus-Nord überbaggerte Teichlandschaft Lakoma zu schaffen. Auch frühere Skeptiker werden überrascht sein: Das Experiment einer großräumigen Umsiedlung von wertvollen und teils bestandsbedrohten Tier- und Pflanzenarten ist gelungen. Acht neue **Teiche** werden behutsam bewirtschaftet. Nur 0,5 Tonnen pro Hektar Wasserfläche ist das jährliche Ziel der Karpfenernte, um das biologische Gleichgewicht nicht aus dem Takt zu bringen. Zwei Teiche werden nicht abgefischt; sie verbleiben als Winternahrung für den Fischotter. Auch diese geschickten Schwimmer stammen aus dem einstigen Teichgebiet Lakoma, wurden aber nicht eingefangen, sondern sind durch Wanderkorridore zur Maiberger Spree gelockt worden. Besucher sehen sie nur mit außerordentlichem Glück. Von ihrer Anwesenheit künden die Losungssteine. Mit den Losungen, den Ausscheidungen der Otter, markieren diese ihr Revier.

▲ Karte: hintere Umschlagklappe

Des Teufels Ochsengespann in der neuen Spreeaue

Im Frühjahr hören Besucher das lautstarke Konzert der Rotbauchunken. Rund 180 000 Frösche und Kröten, davon 70 000 mit ihrem typischen feuerroten Fleckenmuster auf der Bauchunterseite, wurden an den Lakomaer Teichen eingesammelt und umgesiedelt. Südlich der Spree, in der teils bewaldeten Flur, begegnen den Besuchern zuerst Tarpanen, deren Vorfahren noch vor 10 000 Jahren in ganz Europa bis nach Asien hin verbreitet waren. 1876 tötete ein Jäger in der südrussischen Steppe das letzte freilebende Exemplar. Wie die Tarpane eine Wildpferdart, sind die heutigen Auerochsen eine Rückzüchtungsrasse des einstigen Wildrinds. Durch Jagd und Zerstörung der Lebensräume galt es im 17. Jahrhundert als ausgerottet. Auf 45 Tiere ist die Heckrindherde in der neuen Spreeaue inzwischen angewachsen. Das fettarme Fleisch ist dank seines kräftigen Geschmacks begehrt, von Ostern bis in den Herbst hinein ist es am Imbiss am Besucherparkplatz Dissen täglich von 10 bis 18 Uhr wieder zu probieren.

Auf einem **Aussichtshügel** steht ein Ochsengespann mit dem Teufel hinter dem Pflug: Die **Holzskulptur** versinnbildlicht die mythologische Entstehungsgeschichte des Spreewaldes und ist ein Werk des Cottbuser Bildhauers Hans-Georg Wagner.

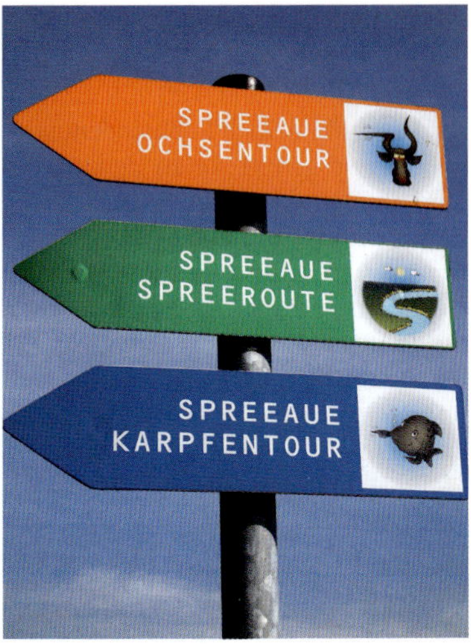

Wegweiser bei Dissen

Man gelangt auf dem Plattenweg – gegenüber der Einfahrt zum Besucherparkplatz Spreeaue – zu Fuß dorthin.

Das etwa 500 Hektar umfassende Terrain ist zwar frei zugänglich, doch wer sich für die Details interessiert, sollte sich einer der Führungen anschließen, zumal diese kostenlos angeboten werden. Ein Streckenvorschlag für Radfahrer: Cottbus/Kollwitzbrücke–Saspower Brücke–Maiberg–Dissen/Süd-Skadow–Cottbus/Kollwitzbrücke (35 km, ca. 4–5 Std.).

Dissen

Vorwahl: 035606; **PLZ**: 03096. www.dissen-striesow.de.

Wendischer Hof gegenüber vom Heimatmuseum Dissen; Mi/Fr 18–22, Sa 11–14 u. 18–22, So 10–21 Uhr.

Heimatmuseum, **Kirche** und **Mittelaltersiedlung Stary lud**, Tel. 256, Di–Do 9–16; Ostern–Mitte Okt. auch Sa 11–15, So 13–17 Uhr. Mo und Fr nach Absprache.

Individuelle Führungen durch die Spreeaue bei Dissen, auch per Kremser: Rainer Dingethal, Tel. 0355/28873561.

Slawisches Mittelalterfest an der Kirche (Ende Mai).

Hofladen, Dissener Str. 29, Cottbus-Sielow. Verkauf von Auerochsen- und Wasserbüffelfleisch nur Fr 14–18 Uhr.

Cottbus (Chośebuz)

Cottbus ist mit rund 100 000 Einwohnern die größte Stadt Südbrandenburgs, gleichzeitig gehört sie zu den grünen Städten Deutschlands: Die Spree windet sich durch das Stadtgebiet, und auch ausgedehnte Parks erstrecken sich hier. Diese Naturschönheiten, die Altstadt, ein erstklassiges Kulturangebot, viele Hotels und Restaurants sowie die unmittelbare Nähe zum Spreewald machen Cottbus zu einem attraktiven Reiseziel.

Geschichte

Im Jahr 1156 wurde der Ort erstmals urkundlich erwähnt, sein Name ist vom Altsorbischen abgeleitet: Siedlung des Mannes Chotbud. Damals war Cottbus der Sitz eines Kastellans des Markgrafen von Meißen. Von 1199 bis 1455 residierten die Herrn von Cottbus, ein fränkisches Geschlecht, in der Stadt. Aus jener Zeit stammt auch das Stadtwappen mit dem Krebs. 1445 erwarb Kurfürst Friedrich II. den ersten Teil der Stadt, 1455 erhielt er den Rest. Es entstand eine brandenburgische Exklave innerhalb der von Sachsen beherrschten Niederlausitz. Seitdem gehört Cottbus zu Brandenburg, lediglich zwischen 1807 und 1813 lag es auf sächsischem Territorium. Mit dem Zuzug von 14 Hugenottenfamilien im Oktober 1701 entstand eine französische Kolonie. Die neuen Einwohner brachten Gerberei, Strumpfwirkerei und Seidenraupenzucht mit. Im 19. Jahrhundert entwickelte sich die Tuchmacherei zum bestimmenden Wirtschaftszweig, aber auch Cottbuser Bier war weithin begehrt. Bereits um 1650 wurde hier Weißbier gebraut. Diese Tradition wurde leider nicht gepflegt – heute gibt es in der Stadt keine Brauerei mehr.

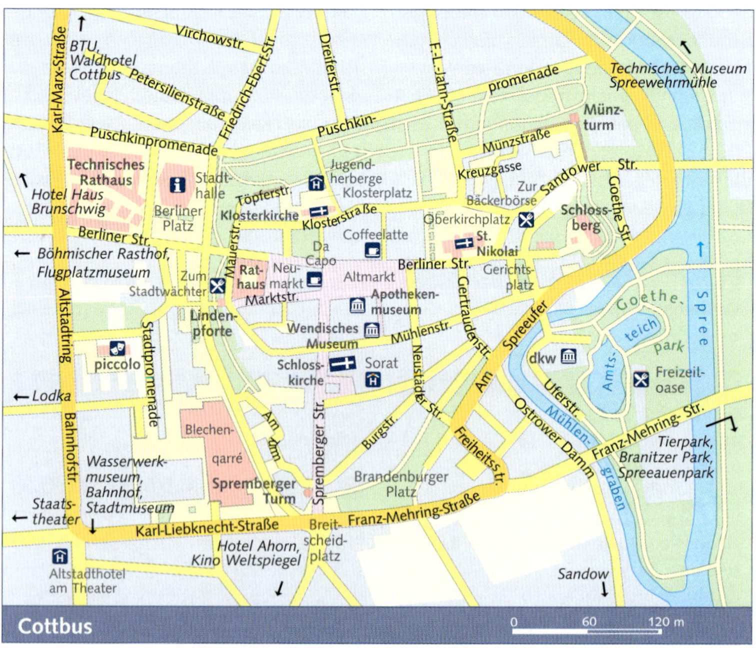

Der Altmarkt, die ›gute Stube‹ in Cottbus

Von 1846 bis 1871 legte Hermann Fürst von Pückler-Muskau im nahen Dorf Branitz den gleichnamigen Landschaftspark an. Um 1900 zählte die Stadt 2000 Wohnhäuser mit etwa 40 000 Einwohnern. Anglo-amerikanische Bomberverbände legten am Ende des Zweiten Weltkrieges die Hälfte der Bausubstanz in Schutt und Asche, ungefähr 3000 Menschen fanden den Tod. Im Jahr 1952 wurde Cottbus eine Bezirksstadt und wegen der reichen Braunkohlevorkommen in der Umgebung zum Wirtschafts- und Verwaltungszentrum der Kohle- und Energiegewinnung der DDR ausgebaut. 1976 übersprang die Einwohnerzahl die 100 000 und Cottbus wurde Großstadt. Heute wirbt die Stadt als Universitäts- und Parkstadt um ein neues Image, und es kommen junge Leute aus aller Welt zum Studium an die Spree.

Überregional bekannt ist das Festival des Osteuropäischen Films, das seit 1991 einen jährlichen Querschnitt aktueller Spielfilmproduktionen präsentiert. Mit über 100 Filmen, darunter zahlreichen internationalen und deutschen Premieren, bietet es hierzulande – neben dem Festival ›go east‹ in Wiesbaden – seltene Einblicke in die stilistische und inhaltliche Vielfalt des osteuropäischen Films. Diese Bandbreite hat dem fünftägigen Festival einen besonderen Platz im internationalen Festivalkalender eingeräumt. Die erste Bundesgartenschau in den neuen Ländern fand 1995 hier statt, und im Jahr 2000 stieg der Fußballverein Energie Cottbus erstmals für zwei Jahre in die erste Bundesliga auf. Nach dem Abstieg gelang im Sommer 2006 der Wiederaufstieg, in der Saison 2008/2009 konnte der Klassenerhalt nicht gesichert werden. All das hat Cottbus überregional bekannt gemacht.

Sehenswürdigkeiten

Die Sehenswürdigkeiten konzentrieren sich im historischen Zentrum, das in Teilen als Fußgängerzone gestaltet ist, oder in unmittelbarer Nähe davon und lassen sich daher gut zu Fuß erkunden. Die Parklandschaften schließen sich unmittelbar östlich an das Zentrum an.

■ Rund um den Altmarkt

Mittelpunkt der Altstadt ist der Altmarkt. Herausgeputzte barocke **Giebelhäuser** säumen, ein **Brunnen** schmückt ihn. Bei schönem Wetter sind die Freiluftplätze auf dem Altmarkt schnell besetzt. Mit dem Förderprogramm für Modellstädte konnte die Altstadt nach 1990 denkmalpflegerisch herausgeputzt werden. Die ehemalige **Löwen-Apotheke** wurde nach dem Stadtbrand 1671 errichtet. Seit 1989 ist hier ein **Apothekenmuseum** eingerichtet, das über 425 Jahre Pharmaziegeschichte vermittelt. Auf dem Staffelgiebel steht eine Figur der Hygieia, Tochter des Äskulap und Schutzgöttin der Apotheker. Erhalten blieben eine mittelalterliche Feuerungsanlage im galenischen Labor, ein vierfach gesicherter Giftschrank und ein noch intakter Brunnen aus dem 16. Jahrhundert im

Hof. Dazu gehört die homöopathische Apotheke mit Verkauf im Erdgeschoss. Nahe dem Markt ragt die gotische Hallenkirche **St. Nikolai** empor, die dem Schutzheiligen aller Reisenden und Seefahrer geweiht ist. Die Cottbuser nennen das Gotteshaus kurz Oberkirche. Die lichte Höhe des Kirchenschiffes beträgt 22 Meter. Der Barockaltar besteht aus Sandstein und Alabaster und wurde um 1664 vom Torgauer Bildhauer Andreas Schulze geschaffen. Trotz erheblicher Kriegszerstörungen blieb der 11 Meter hohe Altar im Original erhalten: Er wurde im Zweiten Weltkrieg zum Schutz vor der nahenden Front eingemauert. Heute gilt der Altar als das bedeutendste Kunstwerk der Stadt. Man erkennt Reste der mittelalterlichen Wandbemalung, die hölzerne Kanzel aus dem 18. Jahrhundert stammt ursprünglich aus der Franziskanerkirche in Frankfurt (Oder). Erst 1988 wurde die 1945 zerstörte barocke Turmhaube wieder aufgesetzt. Vom Turmumgang, auf den 146 Stufen führen, genießt man einen wunderbaren Panoramablick über Cottbus und seine grüne Umgebung.

Gegenüber der Kirche ragt der **Schlossturm** empor. Das Schloss wurde auf den Resten der mittelalterlichen Burg erbaut, fiel aber im Jahr 1857 einem Brand zum Opfer; einzig der Turm blieb erhalten. Jetzt befindet sich auf dem ehemaligen Schlossareal das Landgericht, unterhalb das Amtsgericht. An dessen Südseite lag zu DDR-Zeiten ein berüchtigtes Stasi-Untersuchungsgefängnis, woran eine Gedenktafel erinnert.

Nördlich vom Altmarkt, an der Klosterstraße, steht die **Klosterkirche** aus dem 13. Jahrhundert. Nach der Auflösung des Franziskanerklosters im Zuge der Reformation wurde der Bau auch als ›Wendische Kirche‹ bekannt. Außergewöhnlich ist die Lage des Turms. Er befindet sich nicht, wie üblich, auf der West-, sondern an der

Jugendstilkino: der ›Weltspiegel‹

Karte S. 122

Ostseite. Als Ursache wird heute Platzmangel vermutet. Das seltene Lebensbaumkreuz in der Kirche stammt aus der Zeit zwischen 1320 und 1330 und ist das älteste Kulturdenkmal der Stadt. Auf der Verzweigung eines Baumes ist Jesus mit einem goldenen Siegeskranz abgebildet. Das Grabmal des Klosterstifters Fredehelm von Cottbus und seiner Frau Adelheid vom Anfang des 14. Jahrhunderts zeigt, wie der Mann seine Frau liebevoll umarmt und ist damit eine für die damalige Zeit sehr seltene Darstellung. Das spätere Stadtwappen der Stadt, der Krebs, ist auf diesem Grabmal erstmals dargestellt. Im einstigen Hauptportal sieht man eine Grabtafel des Stadthauptmanns Mandesloh (1580), auf der Südostseite der Kirchenaußenwand Blitz und Würfel: 1303 wurden hier während eines Gottesdienstes mehrere Würfelspieler vom Blitz erschlagen.

Nördlich der Kirche steht das Gästehaus der **Jugendherberge** am romantischen Klosterplatz unter alten Linden. Das Fachwerkgebäude mit überhängendem Dach und dem hölzernen Erker diente einst als Tuchwalke.

Spremberger Straße und westliches Zentrum

Nur wenige Schritte sind es vom Altmarkt zum **Wendischen Museum** im Liersch-Haus. Die Ausstellung zeigt einen repräsentativen Querschnitt des reichen Kulturgutes: Originale niedersorbische Trachten, bunt bemalte Bauernmöbel, Ostereier-, Blaudruck- und Stickereikollektion, Bilder sorbischer Künstler und Musikinstrumente sind neben wechselnden Ausstellungen im Erdgeschoss zu besichtigen. Kinder erfreuen sich am historischen Spielzeug. Im hübschen Innenhof wächst eine Linde aus Zielona Góra (Grünberg), der westpolnischen Partnerstadt.

Der Postkutscher an der Lindenpforte

Nur ein paar Schritte in westlicher Richtung, und man steht auf der Spremberger Straße, der Einkaufs- und Promeniermeile der Cottbuser, die sie kurz ›Sprem‹ nennen. Cafés, Restaurants und kleine Kneipen bestimmen hier und in der näheren Umgebung, so am Schlosskirchplatz, das Bild. Die **Schlosskirche** wurde von 1705 bis 1714 für die französische Hugenottenkolonie erbaut, französischsprachige Gottesdienste fanden bis 1757 statt. Am Schlosskirchplatz, Hausnummer 5, steht das weltweit erste moderne Kaufhaus seiner Art, der 1926 im Bauhausstil errichtete Klinkeranbau des einstigen Kaufhauses Schocken.

An der Einmündung des Katharinengässchens stößt man auf das **schmalste Haus von Cottbus**, das Wohnhaus von Carl Metzner, dem ehemaligen Hoffotografen seiner Königlichen Hoheit.

Das Wahrzeichen der Stadt ist der **Spremberger Turm** am südlichen Ende der ›Sprem‹. Der Baumeister Friedrich Kahle gab ihm das charakteristische Aussehen mit Zinnenkranz und Spitzbogenportal im quadratischen Unterteil; zuvor waren die Pläne von Baumeister

Die Gerberhäuser

Karl Friedrich Schinkel abgesegnet worden. Nur bei einer Stadtführung kann man dem ›Dicken‹ aufs Haupt steigen (Mai–Sept. Di u. Sa, Treff 10 Uhr an der Stadthalle).

Biegt man hier von der ›Sprem‹ nach rechts in die Karl-Liebknecht-Straße ein und folgt ihr bis zur nächsten Kreuzung, kommt man zum ›Altstadthotel am Theater‹. Gegenüber dem Hotel mündet die Schwanstraße ein. Sie wird von immergrünen Eichen beschattet, die Ende der 1920er Jahre gepflanzt wurden.

An der Stadtpromenade befand sich bis vor einiger Zeit ein Bauensemble aus den 1960er Jahren mit Kaufhaus, Wohnhäusern, Geschäften und Pavillons sowie einer Schule im klassizistischen Stil; es stand in seiner Gesamtheit unter Denkmalschutz. Der Status wurde gekippt und stattdessen das **Blechencarré**, eine Shopping-Mall, hochgezogen. Dank der Bürgerproteste wurde zumindest die alte Schule in den Neubau integriert.

Ebenfalls an der Stadtpromenade, einige Schritte in südlicher Richtung vom ›Blechencarré‹, erstrahlt der **Weltspiegel** in frischen Farben. 1912 eröffnet, jüngst modernisiert und erweitert, ist es das zweitälteste noch bespielte Kino Deutschlands (das älteste befindet sich in Königs Wusterhausen bei Berlin). Allein die schöne Jugendstilfassade ist einen Blick wert, und innen sind noch viele schöne Details aus dem vergangenen Jahrhundert erhalten. Zum Kino gehört auch ein moderner Anbau mit zwei kleineren Sälen.

Auf der östlichen Seite der Stadtpromenade blieb die **Stadtmauer** mit Lindenpforte und Wiekhaus erhalten. An der Südwestecke des Rathauses, nahe der Lindenpforte, ist das kleine **Denkmal des Cottbuser Postkutschers** zu entdecken. Utensilien des Postillions zieren die Rathauswand gegenüber.

Vor dem Arkadeneingang des Rathauses laufen Besucher auf dem Bürgersteig über die **Straße der Olympioniken**: Hier sind Kopien der Medaillen ins Pflaster eingelassen, die Cottbuser gewonnen haben.

An Mühlengraben und Amtsteich

Geht man an der Uferstraße am Mühlengraben entlang, entdeckt man die ältesten Häuser der Stadt, zwei **Gerberhäuschen** von 1726 und 1760, die inzwischen saniert sind. Erhalten blieben die Klappenreihen, die einst dem Trocknen der Felle dienten und vom früheren Gerberhandwerk künden.

Im Kunstmuseum dkw

▲ Karte S. 122

Am Amtsteich, am Rande des Goetheparks, steht ein ehemaliges **Dieselkraftwerk** aus den 1920er Jahren – heute das Kunstmuseum dkw. Die Pläne für das Klinkergebäude im spätexpressionistischen bis neusachlichen Stil lieferte der Berliner Architekt Werner Issel, der sich auf ästhetischen Industriebau spezialiert hatte.

Die klare Formensprache harmoniert mit dem angrenzenden **Goethepark** auf der Mühleninsel. Alte Bäume rahmen das Museum, und es spiegelt sich auf der Wasseroberfläche des Amtsteiches. Prägend für die Außenfassade sind die Eisenklinker der früheren Ilse-Bergbau AG, deren beständige Baumaterialien vielerorts in der Lausitz überdauerten. Drei größere Räume im einstigen Maschinenhaus werden für Wechselausstellungen genutzt, drei kleinere im ehemaligen Schalthaus. Daneben können die Museumsmacher auf 23 000 Kunstwerke im Depot zurückgreifen, darunter Malerei, Autorenfotografie der neuen Bundesländer sowie Plakatkunst.

Staatstheater

Westlich des Zentrums, auf dem Schillerplatz, findet sich das Staatstheater. Um die Wende zum 20. Jahrhundert wünschte sich die feine Gesellschaft ein feines Theater, das vorhandene Haus am Altmarkt genügte den Ansprüchen nicht mehr. Der damalige Bürgermeister Paul Werner wollte den Bau nicht mit städtischen Mitteln finanzieren und meinte: »Wenn ihr ein Theater haben wollt, dann müsst ihr Geld sammeln!«. In der Tuchmacherstadt von Welt – in Cottbus gab es zu dieser Zeit 80 Fabriken – kamen die Mittel bald zusammen, und es wuchs ein herrliches Theater, wie es nur wenige Städte haben. Nach nur 16 Monaten Bauzeit war es vollendet. Das Budget für Baumeister Bernhardt

Weitgehend Jugendstil: das Staatstheater

Sehring betrug 800 000 Goldmark. Dafür konnte man etwas Exquisites hinstellen. Sehring hatte schon mit dem ›Theater des Westens‹ in Berlin bewiesen, dass er der richtige Mann war, um die Wünsche der Cottbuser zu verwirklichen. Entstanden ist aber kein reines Jugendstilgebäude, wie selbst viele Cottbuser noch immer meinen, sondern ein Stilgemisch aus Jugendstil mit antiken und barocken Zutaten. Der Jugendstil spielt auch am Schillerplatz mit geometrischen Formen, darin sind unter anderem Oval, Raute, Tiere und floraler Schmuck wiederkehrende Elemente.

Charakteristisch für diese Kunstform ist die Einheit von außen und innen, die sich für den Besucher augenscheinlich am doppelten Panthergespann erschließt: Das findet sich auf dem Dach sowie links und rechts der Bühne. Die vielen Putten, nackte Kinderfigürchen, sind eine Zutat des Barock. Bis vor kurzem waren diese noch mit weißer Farbe getüncht, bis man bei der letzten Sanierung auf Farbreste stieß. Nach einigen Diskussionen in der Fachwelt einigte man sich schließlich auf einen Neuanstrich in beige. Die ägyptischen Löwen als symbolische Wächter des Theaters gehen auf antike Vorbilder zurück, so dass hier drei Stilrichtungen harmonisch vereint wurden.

Die Cottbuser wünschten kein Theater mit italienischem Logenparkett – mit wenigen guten und vielen schlechten Plätzen –, sondern ein modernes Rangtheater mit ausgezeichneter Akustik und Sicht. Für die Gutbetuchten gab es den zweiten Rang mit separatem Zugang. Der wurde zu DDR-Zeiten geschlossen, heute erinnert noch ein Fensterchen anstelle des einstigen Eingangs daran. Jetzt ist das Theater vollklimatisiert. Die großen Keramikvasen aus Italien sind nicht nur Dekoration: Für eine bessere Akustik wurden sie mit Sand gefüllt.

Zur großartigen Kunst zählt der ›Sternenhimmel‹ aus 280 einfachen Glühlampen im Foyer. Sehring wurde dazu von einem Schinkelschen Bühnenbild inspiriert. In der Mitte entblößt die Venus den hübschen Po, die neun Musenfiguren sind das Geschenk eines Cottbuser Bürgers. Glücklicherweise überstand das Theater den Zweiten Weltkrieg fast unbeschadet, nur die Bleiglasfenster gingen allesamt zu Bruch. Die Nazis zeigten sich auch in Cottbus als Kulturbarbaren: Hier lagerte zum Kriegsende Munition, und die Sprengladungen waren bereits angebracht worden, doch beherzte Bürger konnten das Haus in letzter Sekunde retten.

■ BTU

Auf dem Universitätsgelände, an der Straße Richtung Sielow/Burg, entstand 2005 das Informations-, Kommunikations- und Medienzentrum der Brandenburgischen Technischen Universität (BTU) nach Plänen der Baseler Stararchitekten Jacques Herzog und Pierre de Meuron; die mit sich überlagernden Buchstaben bedruckte Glasfassade wurde rasch zur Cottbuser Sehenswürdigkeit. ›Eine mit Joghurt übergossene Amöbe‹ sagen die einen, ›Farbknall im Glaskostüm‹ die anderen. Innen gibt es keine Ecken und Kanten, durch die sieben Etagen schraubt sich eine pink-grün getünchte Wendeltreppe. Jede Etage gliedert sich in sechs Farbzonen. 2006 wurde der Bau als bundesweite ›Bibliothek des Jahres‹ ausgezeichnet. Allerdings stellte sich im Nachhinein heraus, dass die Bauweise noch nicht ganz ausgereift war: Schon öfter haben sich Scheiben der Fassade gelöst – damit niemand zu Schaden kommt, hat man jetzt zwei filigrane Überdachungen an beiden Eingängen errichtet und die hässlichen Provisorien, wie Gerüste und Bauzaun, nach langer Zeit wieder entfernt.

Kunst-Spaziergang im Stadtteil Sandow

Die DDR hat in Cottbus nicht nur Plattenbausiedlungen hinterlassen, sondern auch zeitgenössische Kunst. Drei davon werden hier genauer betrachtet. Ihre Besichtigung lässt sich mit einem schönen Spaziergang durch das grüne Cottbus verbinden.

Ein guter Ausgangspunkt für die kleine ›Kunstrunde‹ ist der Parkplatz an der Ecke Ostrower Damm/Inselstraße, wo Autos kostenlos abgestellt werden können.

Über die neue Ludwig-Leichhardt-Brücke geht es vom Parkplatz über den Mühlgraben, am anderen Spreeufer ist bereits das Planetarium zu sehen. Gegenüber dessen Eingang, flankiert von Pappeln, steht das erste Kunstwerk: ›**Die Familie**‹ des Cottbuser Meisters Heinz Mamat zeigt, was in der DDR jener Jahre wahrhaftig die Regel war:

▶ Karte S. 122

Eine junge Familie mit Mutter, Vater und zwei Kindern, dynamisch in die Zukunft schauend, selbstbewusst und sportlich aktiv. Die Plastik symbolisiert geradezu die junge aufstrebende Stadt Cottbus, die als Kohle- und Energiezentrum, Textilstandort und Bildungsmetropole zur DDR-Zeit aus allen Nähten platzte. An den neuen Eigentumswohnungen, früher Standort des Tanzcafés ›Spreewehr‹, stehen etwas versteckt drei Pferdchen mit hübsch gelockter Mähne. Über die Ludwig-Leichhard-Allee lässt es sich in Spreenähe schön in den Carl-Blechen-Park bummeln. Der Namensgeber des kleinen Landschaftsgartens ist seit 2008 verschwunden: Diebe entwendeten den fast lebensgroßen Bronzeguss des talentierten Zeitgenossen von Caspar David Friedrich. Eine kleine Hoffung auf Rückkehr bleibt, falls die Plastik von den Kulturbanausen nicht eingeschmolzen wurde, denn vielleicht taucht sie irgendwann auf dem Kunstmarkt auf.

Im Herbst 2013 wurde auch die zweite Bronzeplastik im Park, das **Liebespaar unter dem Schirm** (1963) des Hoyerswerdaer Künstlers Jürgen von Woyski entwendet. Es gibt die Beiden noch dreimal. Jetzt fassen sie sich noch im Hoyerswerdaer Zoo, auf der Potsdamer Freundschaftsinsel und in der Eisenhüttenstädter Karl-Marx-Straße so zärtlich wie einst in Cottbus bei den Händen.

Von der Sandower Brücke gehen wir entlang der Sandower Hauptstraße, vorbei an der Filiale der Sparkasse zur Post.

Hier steht in der modernisierten Fußgängerzone das ›**Mädchen mit Ziege**‹ für alle Bewunderer an einem angemessenen Platz. Schon 1973 wurde die Mamatsche Plastik hinter der einstigen Gaststätte ›Mentana‹ plaziert. Für viele Cottbuser gehört diese in Bronzeguss verewigte Szene, in der ein geduldiges Mädchen eine störrische Ziege bei den Hörnern packt, nach wie vor zu den Kunstfavoriten im öffentlichen Raum.

Nur einen Katzensprung entfernt, am Fuß- und Radweg Sanzebergweg springt, recht übermütig geworden, der junge kleine ›**Stier**‹, den Ernst Sauer 1966 schuf. Fast jeder Erwachsene kennt die Plastik des gehörnten Bullen vor der Frankfurter Börse, der den Aufschwung symbolisiert. Die Cottbuser Variante des Huftieres darf sich einfach ihres Lebens freuen, ganz ohne sich dem schnöden Mammon andienen zu müssen.

Vor der Sanzebergbrücke biegen wir links ab und gelangen, immer an der Spree entlang, wieder ans Kleine Spreewehr. Hier biegen wir rechts ab, überqueren auf dem Wernersteg die Mühlenspree und befinden uns wieder auf dem Ostrower Damm.

›Die Familie‹

Fürst Pückler-Muskau und der Branitzer Park

Hermann Ludwig Heinrich Fürst von Pückler-Muskau (1775–1871) gilt heute als eine der schillerndsten Persönlichkeiten des 19. Jahrhunderts. Deutschlandweit lebt sein Name vor allem als raffinierte Eiscremekreation fort – zu Unrecht, denn ihr Erfinder war ein geschäftstüchtiger Cottbuser Konditormeister. Der verwegene Draufgänger Pückler-Muskau liebte – so sagt man – mehr Frauen als Casanova, war ein begnadeter Landschaftsgestalter, ruheloser Weltenbummler und populärer Schriftsteller. Er putzte sich heraus wie ein Pfau, verkehrte mit den Großen aus Politik und Kultur, hatte aber zumeist kein Geld in der Tasche. Er war adelig, aber von republikanischem Gedankengut beseelt.

Pücklers Geburt am 30. Oktober 1785 in Muskau stand unter keinem guten Stern: Seine Mutter war gerade 16 Jahre alt, der Vater ein Tyrann. Mit Witz, Geschick und Exzentrik behauptete sich der Knabe und verstand seinen Willen durchzusetzen; und so hielt es Pückler auch im späteren Leben. Der junge Mann begann 1815, in Muskau den größten und schönsten Landschaftspark im englischen Stil in deutschen Landen zu schaffen. Der Park auf Sand und Lehm verschlang ein Vermögen. Pücklers Gattin Lucie, Tochter des preußischen Staatskanzlers Hardenberg, beglich viele Rechnungen. Doch ein gewaltiger Schuldenberg zwang den Fürsten, die Standesherrschaft Muskau 1845 zu verkaufen.

Wenig später verlegte das Paar seinen Wohnsitz ins knapp 40 Kilometer nordwestlich gelegene Erbgut Branitz bei Cottbus. Die Ankömmlinge wurden von einem baufälligen Schloss und einer kahlen Einöde begrüsst. Lucie ermunterte den mittlerweile 60-jährigen zu neuem Tatendrang, und der Branitzer Park wurde zum Meisterwerk des Fürsten: Kleiner als Muskau, aber vollendet und anmutig, der letzte große deutsche Landschaftsgarten. Aus einer baumlosen flachen Wüste entstand ein grünes Paradies aus Baumgruppen, Wasserläufen, Seen und Hügeln mit reizvollen Sichtbeziehungen. Am Schloss ließ Pückler Umbauten vornehmen; so entstanden Terrasse, Freitreppe und Pergola unter Leitung des Dresdner Baumeister Gottfried Semper. Benachbarte Wirtschaftsgebäude verwandelten sich im englischen Stil zu Cavalierhaus (heute Restaurant), Marstall (Museum) und Parkinspektorenhaus.

Der Fürst in moslemischer Tracht, Stich, Urheber unbekannt

Im Branitzer Park können Sie sich auf orientalische Spurensuche begeben, Findlinge mit glänzenden Lettern weisen den Weg zum Branitzer Schloss. In der ersten Etage, in drei Orienträumen, sind Reiseandenken ausgestellt. Darunter befinden sich Fragmente ägyptischer Reliefs, kleine Steinfiguren – sogenannte Totenstatuetten – sowie Kanopengefäße mit

Menschen-, Pavian-, Schakal- und Falkenkopf in einer Glasvitrine. Sie dienten einst zur Bestattung menschlicher Eingeweide, Pückler erwarb sie vermutlich in Kairo. Sein reizvollstes ›Mitbringsel‹ aus Ägypten war wohl das zierliche Mädchen Machbuba, das er auf dem Sklavenmarkt in Kairo kaufte. »Ich war sofort fasziniert von dem makellosen Ebenmaß des Wuchs dieser Wilden«, schwärmte der Fürst. Das unwirtliche mitteleuropäische Klima war für die Schöne ein Gräuel, sie starb nach nur drei Jahren in der Lausitz. Ein Bildnis, auf dem Machbuba traurig blickt, ihre Totenmaske und eine moderne Plastik des Mädchens sind im Schloss zu sehen.

Fürst von Pückler-Muskau, in: ›Die Gartenlaube‹ (1863)

Vom Schloss gelangt man auf dem Magnolienweg, am Wasser entlang, und über die Weiße Brücke zur Schlossgärtnerei. Zwei Löwen bewachen das Oberhaus, das heute als Orangerie und Saisoncafé genutzt wird; hier warten frostempfindliche Gewächse auf den Frühling. Das benachbarte Ananashaus trägt seinen Namen nach eben diesen Früchten, die der der Fürst hier züchten ließ. Viele Damen waren von der damals noch unbekannten Süße entzückt. Wie viele Herzen dem Lausitzer Casanova wegen der Ananasgeschenke zuflogen, ist der Nachwelt nicht überliefert.

Eine Besonderheit des Gartens und zugleich seine größte Attraktion sind die imposanten Pyramiden. Geht man gegenüber vom Tierpark in den Branitzer Park hinein, kommt man flugs zur großen Seepyramide. 1837 stand der Lausitzer Fürst erstmals vor einem derartigen Bauwerk: Während einer mehrjähigen Orientreise war er für mehrere Monate auch in Ägypten unterwegs, auf ›Tempeljagd am Nil‹, wie er es nannte. Von der Cheopspyramide war er so angetan, dass er auf deren Spitze kletterte, um dort seine Initialen zu verewigen. In den 1860er Jahren schließlich wuchsen am östlichen Rande der Stadt Cottbus zwei Pyramiden. Waren es am Nil zehntausende Sklaven, so schufteten im Branitzer Park Dutzende Strafgefangene. Sie gruben einen künstlichen See und türmten mittendrin eine 20 Meter hohe Seepyramide auf, in der die Relikte seines Körpers am 8. Februar 1871 ihre letzte Ruhe fanden. Die religiösen Vorschriften verboten die Einäscherung. Per Testament überlistete Pückler die Behörden. Er verfügte, dass sein Körper in Ätznatron, Ätzkali und Ätzkalk gebettet werden solle. Sein Herz kam in eine Glasphiole, die sich in einer Urne aus Kupfer befindet. Am Seeufer entlang, über die Ägyptische Brücke, ist die kleinere Landpyramide schnell erreicht. Eine geplante dritte kam nicht mehr zur Ausführung.

Führungen durch das Branitzer Schloss sowie den Park sind nur nach vorheriger Anmeldung möglich (Informationen und Buchung: Tel. 0355/75150).

Das grüne Cottbus

Cottbus war um die Wende zum 20. Jahrhundert ein wohlhabendes Ackerbürgerstädtchen mit einer florierenden Tuchindustrie. Schon damals engagierten sich Stadtväter und Bürger für die Anlage mehrerer Parks und Grünflächen. Dieses Ansinnen wurde auch zu DDR-Zeiten und nach der Wende fortgeführt.

Spreeauenpark

Zwischen Stadt und Branitzer Park hat sich das einstige Bundesgartenschaugelände zum beachtlichen Spreeauenpark gemausert. 1995 war Cottbus der Austragungsort für die erste BUGA in den neuen Bundesländern. Viele Anpflanzungen aus dieser Zeit, vor allem Bäume, zeigen sich erst jetzt in voller Pracht.

Vom Eingang an den Messehallen/Energiestadion ist es nicht weit bis zum **Parkweiher**. Meist plätschert hier die Fontäne, bei stärkerem Wind sprühen die Wasserschleier bis zu den Ruheliegen. Am westlichen Ufer schlängelt sich ein schmaler Pflasterpfad durch Stauden, Gebüsch und unter Bäumen entlang.

Schmetterlingsraupe und Schwalbenschwanz

Am Parkweiher

Mehrere Bänke verlocken zum Innehalten und Schauen. Wenn man hinter der Brücke dem Weg nach rechts folgt, wird die Urzeit greifbar: Hier gibt es einen **Niederlausitzer Tertiärwald** zu bestaunen, einmalig in Mitteleuropa und heutzutage nur noch am Missisippi erhalten. 1987 begannen die Cottbuser Ursula und Rolf Striegler am Rande des ehemaligen Pressefestgeländes eine Flusslandschaft der Urelbe zu gestalten, wie sie vor zehn bis zwölf Millionen Jahren aussah. Heute sind die urtümlich anmutenden Bäume und Gewächse, meist im Wasser stehend, jenen ähnlich, aus denen vor Jahrmillionen die Lausitzer Braunkohle entstand. Besonders schön sind die feuchtliebenden Bäume im Herbst anzuschauen, wenn erste Nachtfröste das Nadelkleid in ein flammendes Rot färben. Ein echter fossiler Mammutbaumstubben ergänzt die kleine Exkursion in die Urzeit. Dieser wurde schon zu DDR-Zeiten im einstigen Braunkohletagebau Klettwitz gefunden und verdeutlicht die Größe der Baumriesen. Er ragte bis zu 70 Meter auf und lebte über 1000 Jahre! Auf der benachbarten Wiese kriecht eine überdimensionale **Schmetterlingsraupe**, dahinter

▲ Karte S. 122

flattert der **Schwalbenschwanz** – beide aus Holz gefertigt.
Von hier geht es nach links auf die **Findlingsallee**. Sie säumen, wie der Name schon sagt, 77 Steine aus Skandinavien, die die eiszeitlichen Gletscher in die Lausitz transportierten. Im Tagebau Jänschwalde kamen die sogenannten Geschiebe wieder ans Tageslicht. Beim Berühren der zum Teil angeschliffenen Gesteine oder dem Betrachten kann der Skandinavienfreund sehnsuchtsvoll in Urlaubserlebnissen schwelgen: Findlinge von den Inseln Öland, Gotland oder Åland sind darunter. Der große Zweiglimmergneisgranit neben dem Insektenhotel weist eine Eisenoxidschicht auf, die rostendem Stahl ähnelt.
Am Hauptweg angelangt, befinden sich gegenüber sieben **Kraftplätze**, die für die Reinigung und Stärkung des menschlichen Energiekörpers sorgen sollen: Besonders gut funktioniert das am ›Platz der Erde‹, der an der rotglasierten Schneckenspirale im Granitsteinpflaster leicht zu erkennen ist. Die Energie steigt hier von den Füßen bis zum Kopf und schenkt Kraft, Sicherheit und Halt. Der Platz der Visionen lädt zum Sitzen auf einem Stein im Kiesbett ein: Schließen Sie die Augen oder blicken auf den weißen Sand – vielleicht werden Sie ja tatsächlich gerade hier auf ganz neue Gedanken gebracht.

Branitzer Park

Der Branitzer Park, das Spätwerk des Gartenfürsten Pückler-Muskau, beeindruckt vor allem durch raffinierte Sichtachsen und komponierte Baumgruppen, Wasserläufe und interessante Wegeführungen. Einzigartig für Parks in Deutschland sind jedoch die beiden Erdpyramiden, eine an Land, die andere von Wasser umgeben. In den Branitzer Park am östlichen Stadtrand führen viele Wege, und die kleine Parkeisenbahn fährt vom Parkplatz Sandower Dreieck durch den Elias- und Spreeauenpark zum Tierpark und an den Branitzer Park.
In der Branitzer Gutsökonomie befindet sich das neue **Besucherzentrum**. Die multimediale Ausstellung **Fürst Pücklers Welt: Lebenskunst und Landschafts-**

Herbst im Branitzer Park

Die Bibliothek im Schloss Branitz

kunst gewährt interessante Einblicke in das Pücklersche Schaffen. Thematisiert werden seine Streiche, Reisen, Frauen und berühmte Zeitgenossen, mit denen er Kontakt pflegte. Pückler wird als Gärtner, Genießer und Sportsmann vorgestellt. Um 1830 kannte man im Deutschen das Wort ›Sport‹ noch nicht; seine Einführung in die deutsche Sprache wird Pückler zugeschrieben. Er war zwar ein sehr guter Reiter, konnte aber nicht schwimmen. In einer Kabine kann man ganz ungeniert dem Vorleser lauschen und Details des einfühlsam-zärtlichen Briefwechsels zwischen Pückler und seiner Verehrerin Bettina von Arnim erfahren. Im Kellergewölbe befindet sich eine Ausstellung zur Geschichte der Gutsökonomie. Auf der Wiese vor dem Eingang stehen sogenannte Feimen: Überdimensionale Holzpilze, unter denen einst das Heu fürs Vieh trocknete und lagerte. Bei schönem Wetter sitzen hier Gäste bei Kaffee und Kuchen, ein kleiner Imbiss ist geöffnet.

Im **Branitzer Schloss**, heute **Fürst-Pückler-Museum**, sind die Wohnräume erhalten, die Pückler im Stil des Historizismus einrichtete. Im Vestibül mit Ahnengalerie steht ein herrlicher Tisch, der von verschiedenen Marmorarten und Halbedelsteinen aus Böhmen geschmückt ist. Im Musikzimmer beeindruckt ein prächtiger Porzellanofen, linker Hand gelangt man zur Pückler-Callenberg-Bibliothek. Über allem schwebt ein riesiger Messingleuchter mit stilgerechtem Blattwerk. Auf dem Tisch verstreut liegen zahlreiche Zeitdokumente, darunter auch ein Einnahmen-Ausgaben-Buch. Auch eine der Pücklerschen Kopiermaschinen ist zu sehen, mit denen der Fürst seine Korrespondenz vervielfältigte. Dank dieser Technik blieben beinahe alle seine Briefe, darunter die vielen Liebesschwüre, erhalten. Daneben steht das Modell der Landpyramide im Branitzer Park. Das bekannteste Werk des Reiseschriftstellers Pückler, ›Briefe eines Verstorbenen‹, erschien zwischen 1830 und 1832 und erlebt bis heute Neuauflagen.

▲ Karte S. 122

Im Schlaf- und Schreibzimmer steht das Bett des Fürsten aus geschnitzter Eiche (um 1850), der Stehschreibpult aus Mahagoni (um 1820) trägt auf der Rückseite den Brandstempel der Fürstin Lucie. Die Kleine Saalstube im ersten Stock, auch als Rote Stube bekannt, bewohnte Lucie von 1852 bis zur ihrem Tod im Jahr 1854. Aus dem Fenster zeigt sich der schönste Blick auf den Park. In weiteren drei Räumen sieht man zahlreiche Andenken, die Pückler von seinen Reisen aus Afrika und dem Orient mitbrachte. Farbenfrohe orientalische Ornamente schmücken das Tapetenzimmer.

Eine Dauerausstellung präsentiert Gemälde des bekannten Landschaftsmalers Carl Blechen, der 1798 in Cottbus geboren wurde und den heutige Kenner ähnlich hoch schätzen wie Caspar David Friedrich. Viele seiner Zeitgenossen sahen in seinen italienischen Bildern nur wilde Kleckserei. Blechen trug entscheidend dazu bei, dass deutsche Künstler den Studienort Italien noch immer als unentbehrlich empfinden. Im Museum befinden sich gegenwärtig 31 Gemälde, darunter die berühmte Ansicht ›Blick auf den Golf von Neapel‹.

Im benachbarten **Marstall** finden regelmäßig Sonderausstellungen statt. Im nördlichen Parkrand sind die **Orangerie** mit Saison-Café ›Goldene Ananas‹ und das **Ananashaus** mit einer vergoldeten Frucht auf dem Dach hübsch rekonstruiert.

Cottbuser Tierpark

Der Cottbuser Tierpark versteckt sich unter alten Laubbäumen in der Spreeaue nahe dem Branitzer Park. Hier leben mehr als 1200 Tiere in über 170 Arten aus aller Welt. Die größte Anlage Brandenburgs wurde wegen ihrer erfolgreichen Zucht von Wasservögeln bekannt. Eine Zooschullehrerin begeistert Schüler.

Wanderung durch die Madlower Schluchten

Die Cottbuser verdanken Fürst Pückler-Muskau mehr als den Branitzer Park. Auch für eine Hügellandschaft bei Madlow ist Pückler der indirekte Schöpfer, wenngleich ungewollt. Bauplaner beabsichtigten, die Gleise für die neue Bahnstrecke nach Görlitz durch Pücklers Garten zu verlegen. Fürstlicher Einspruch mit königlichem Beistand verhinderten diesen Frevel, das Verkehrsprojekt verschob sich in den südlichen Außenpark. 1909 nahm sich Stadtgärtner Friedrich Glum des verunstalteten Geländes an, um es zum ›Kaiser-Wilhelm-Auguste-Victoria-Hain‹ zu gestalten. Bürger und Verschönerungsverein waren begeistert und spendeten für den Kauf von Bäumen und Sträuchern.

An der Markgrafenmühle führt eine Brücke auf die Mühleninsel und geradewegs zum Naturlehrpfad. Davon, wie beliebt der Volkspark einst war, kündet noch die überlieferte Zahl von etwa 200 Sitzgelegenheiten zu Kaisers Zeiten. Der Pfad geleitet zum Spreedeich, dort biegen wir rechts ab und gelangen zum Kiekebuscher Wehr. Hier verschwindet der Mühlgraben ins dichte Unterholz. Wir verlassen die Mühleninsel über die Jubiläumsbrücke – ein stolzer Name für das heute marode Bauwerk. Einst war dies der hübscheste Steg übers Wasser. 1914 gab Oberbürgermeister Paul Werner den Übergang frei, der nach dem 25-jährigen Dienstjubiläum von Kaiser Wilhelm II. benannt wurde.

Nur ein paar Schritte entfernt steht eine Miniaturfestung an der Bahnbrücke über die Spree. Hochgewachsene müssen die Köpfe einziehen, die Durchlasshöhe entspricht keinem Standardmaß. Auf der anderen Seite ist der ›Bergpfad‹ nahe der Spree zu empfehlen: Es geht auf und ab, Fluss- und Schluchtenblicke lassen die frühere Naturbegeisterung der Cottbuser verstehen, war die Heimat doch ansonsten platt wie eine Flunder. Hier bringt es die höchste Erhebung auf immerhin acht Meter über dem Spreespiegel. Malerisch schlängelt sich ein Altarm neben dem Hauptfluss, zwei kleine Holzbrücken überqueren ihn. Im Jahr 1972 wurde der Volkspark zum Naherholungsgebiet ernannt. Noch einmal hatte sich die Landschaft nach Plan gewandelt: Im südlichen Teil des Volksparks, wo zuvor Kies für den Wohnungsbau abgebaut worden war, entstand ein herrlicher Badesee mit Sandstrand. Weiter auf dem Spreedamm entlang, rückt bald die Madlower Martinskirche näher, ein solider gotischer Bau aus Back- und Feldsteinen, der etwa 600 Jahre lang fast unverändert geblieben ist. Über die Madlower Schulstraße ist die Madlower Hauptstraße schnell erreicht, weiter stadteinwärts alsbald ›Vaclav's Café‹ An der Priormühle. Nach altböhmischer Art werden hier Buchteln, Blechkuchen, Palatschinken und Strudel gebacken. Bei einer Einkehr fühlt man sich an die Moldau versetzt.

▲ Karte: hintere Umschlagklappe

Der Aussichtsturm bei Merzdorf

Strecke: Markgrafenmühle–Naturlehrpfad–Spreeradweg–Madlower Kirche–Madlower Hauptstraße–An der Priormühle–Spreestraße od. Ringstraße–Badesee Madlow–Bautzener Straße (z.T. nur Fahrweg)–Markgrafenmühle.

Länge: mit Einkehr ca. 3 Std.; Parkplätze am Sportzentrum und am Südfriedhof.

■ Fahrradtour von der Stadtmitte zum Cottbuser ›Ostsee‹

Noch quietschen am nördlichen Cottbuser Stadtrand Förderbrücke, Schaufelrad- und Eimerkettenbagger, noch breitet sich hier ein riesiges Meer aus Sand aus. Ein aus Menschenhand geformter Ostsee soll aber bald an seine Stelle treten.

Hätte es den DDR-Wohnungsbau nicht gegeben, wären wir ohne Branitzer, Madlower, Ströbitzer und Sachsendorfer Badesee: Aus ihnen wurde der Kies für die Plattenbauten gewonnen. Der künftige Cottbuser Ostsee soll sie alle an Größe übertreffen. Aber weil der Kohleabbau noch in Betrieb ist, wird es das Gewässer in seiner ganzen Größe wohl erst in zwei Jahrzehnten geben.

Die Landschaft befindet sich im Umbruch - und lohnt genau deswegen schon jetzt einen Besuch. Die Radtour beginnt an der Stadthalle und folgt der Spree nördlich bis zur Saspower Brücke. Das alte Dorf Lakoma, von dem noch drei Gehöfte stehen, ist die erste Station. Vorbei an der aus Holzstämmen errichteten Lärmschutzwand holpern die Räder 1000 Meter auf der einstigen Poststraße Lakoma–Neuendorf, dann an Findligen vorüber bis zum Aussichtspunkt West. Dieser folgt dem aktiven Tagebau und wandert so jedes Jahr um etwa 300 Meter – jedoch nur noch für zwei bis drei Jahre, denn dann ist der Tagebau Cottbus-Nord kurz vor Neuendorf endgültig ausgekohlt. Aber noch ist die Abraumförderbrücke F34 Tag und Nacht im Dauerbetrieb. Die Gewinnung des ›schwarzen Goldes‹ ist hier, in der Merzdorfer Rinne, etwas kompliziert, denn eingelagerte Sande gestalteten das Kohleflöz ungleichförmig.

Vom Aussichtspunkt West ist der leicht geneigte, 31 Meter hohe Aussichtsturm bei Merzdorf schon gut zu sehen, der Weg führt auf bestem Asphalt dorthin. Kurz unterhalb der Plattform gibt das ›Auge‹ einen ungewöhnlichen Blick auf Cottbus frei, oben sind vier Tafeln mit Sichtpunkten und Entfernungsangaben angebracht: Schlaubetal- nicht zu erkennen – die Kraftwerke Jänschwalde, Boxberg und Schwarze Pumpe. Ganz in der Nähe des Turms blieb eine letzte große Düne der einstigen ›Merzdorfer Alpen‹ erhalten. Das feinsandige Material wurde bis 1996 fast vollständig zu begehrten Kalksandsteinen verarbeitet. In der Nähe erinnert nur noch das Gasthaus ›Alpenschänke‹ an die frühere Herrlichkeit. Der Cottbuser Ostsee wird dem Balaton sehr ähnlich sein: ein ausgeprägter Flachwassersee, der sich im Sommer wohl schnell erwärmen wird. Die Wassertiefe kann nur drei bis vier Meter betragen, nur an einigen Rändern geht es tiefer. Wie man vom Turm aus gut erkennen kann, ist einer dieser Randschläuche bereits mit Wasser gefüllt. Vorbei an Schlichow kann man bis zum ›Daytona Beach‹ in der Südostecke des künftigen Sees radeln. Das abgeflachte Ufer, eine Blockhaus-Schutzhütte, feiner heller Sand, Ruheliegen und die tiefblaue Farbe des Südrandschlauches versetzen Besucher an warmen Sonnentagen durchaus schon ein wenig an die Ostsee.

Am zukünftigen ›Daytona Beach‹

Route: Käthe-Kollwitz-Brücke–Saspower Brücke–Lakoma–Merzdorf–Schlichow–Südrandschlauch–Haasow–Radweg zur B 115–Englische Allee–Branitzer Park–Stadtmitte (25 km, 4 Std.). Als geführte Radtour unter: www.tagebau-tourismus.de.

Fahrradtour von Cottbus nach Straupitz und zurück über Burg

Diese Fahrradtour ermöglicht es, innerhalb eines Tages einen umfassenden Eindruck von der Vielgestaltigkeit des Oberspreewaldes und seinen Randbereichen zu gewinnen. Höhepunkte sind die Rieseneichen und die Dreifachmühle in Straupitz sowie die parkartige Landschaft der Streusiedlung Burg. Anfangs rollen die Räder auf der einstigen Trasse der Spreewaldbahn.

An der Ecke Ernst-Heilmann-Weg/Fehrower Weg, zwischen dem ehemaligen Cottbuser Flugplatz (heute Technologiepark) und der Windmühlensiedlung, nimmt der Radweg seinen Lauf. Nach der Überquerung der Hauptstraße Cottbus-Burg bleibt der Asphaltweg für längere Zeit autofrei. Die Radstrecke Richtung Burg folgt der einstigen Trasse der Spree-

Am Nordumfluter zwischen Straupitz und Burg

waldbahn, deren Betrieb Anfang 1970 eingestellt wurde. Schnurgerade führt der glatte Asphalt durch den Kiefernwald, der sich erst kurz vor Briesen lichtet.

An der Hauptstraße biegen wir nach rechts ab und folgen der Straße bis Striesow, hier behalten wir die Richtung bei und kommen bald nach Fehrow (sorbisch: Prjawoz). Die Kirche ist innen fast schmucklos, nur am Rand der Holzdecke sind spärliche Verzierungen angebracht. Die Kirche besitzt zwei große Logen, in denen früher die Oberschicht saß. Interessant ist der bullige Kanonenofen mit vier Türen der Firma Sachsse & Co aus Halle (Saale). Vor der Kirche, nahe dem Feuerwehrhaus, befindet sich ein Storchennest. Vor dem spätsommerlichen Abflug in ihr Winterquartier gehen die Störche auf den Dachfirsten der benachbarten Häuser spazieren oder gucken in die Landschaft.

Wir fahren auf dem Schmogrower Weg weiter und biegen am Abzweig ›Spree-Verteiler‹ links auf die Radstraße ab. Auch in Saccassne und Neu-Byhleguhre, den nächsten Orten auf unserer Route, finden sich Strochennester. Byhleguhre ist weithin bekannt für den Byhleguhrer See, den Badeteich mit herrlich weißem Strand hingegen kennt fast niemand. Wer dorthin einen Abstecher machen möchte: Dort, wo der Radweg bei Erreichen der Dorfstraße links abbiegt, einfach die Straße überqueren und dem Fahrweg zum Badeteich folgen. Byhleguhre ist ein hübsch erhaltenes Straßendorf mit Allee im Ortskern. Die Bäckerei und der Tante-Emma-Laden haben hier im Unterschied zu vielen anderen Orten durchgehalten.

An der Hauptstraße Burg–Straupitz biegen wir rechts ab und folgen der Chaussee bis zum Abzweig ›Byhleguhrer See‹, der knapp einen Kilometer von der Hauptstraße entfernt liegt. Von der kleinen Terrasse unter schattigen Bäumen kann man den hübschen

▲ Karte: hintere Umschlagklappe

Seeblick genießen. Vom Gasthaus führt ein Rundweg um den Byhleguhrer See. Er ist anfangs etwas holprig und führt bald zur Hauptstraße zurück.
Drei Kilometer vor Straupitz steht am Waldrand ein mächtiges Fossil: Die ›Florentine‹ ist eine abgestorbene, etwa 1000-jährige Eiche. Beeindruckend ist der Drehwuchs, der jetzt, der Baumrinde beraubt, zum Vorschein kommt. Schon von weitem grüßen die Zwillingstürme der Straupitzer Kirche. Ihr Besuch lohnt ebenso wie eine Besichtigung der Dreifachmühle. Es geht an der Kirche, dann am Kornspeicher und am Schloss vorbei und weiter schurgeradeaus zur Straupitzer Buschmühle. Wir queren den Nordumfluter und haben die Burger Ringchaussee erreicht. Scheinbar endlos schlängelt sie sich durch die Weite der Streusiedlung, bis endlich das Ortszentrum in Sichtweite kommt.
Gegenüber dem ›Netto‹-Supermarkt nimmt der Radweg nach Cottbus seinen Lauf, wohin wir über Werben und Briesen gelangen.
Route: Cottbus–Striesow–Fehrow–Schmogrow–Saccassne–Neu-Byhleguhre–Straupitz–Burg–Werben–Briesen (60 km, 5–6 Std.).

Cottbus

Vorwahl: 0355; **PLZ**: 03042.
www.cottbus.de.
Cottbus Service, Berliner Platz 6 (Stadthalle), Tel. 75420. Hier auch Verkauf des Pückler-Tickets (freie Nutzung von Bus und Bahn; Ermäßigungen: www.cottbusverkehr.de.
Mai–Sept. Di u. Sa 10 Uhr Stadtführung mit Aufstieg auf den Spremberger Turm, Treff am Cottbus Service.
Sorbische Kulturinformation Lodka, August-Bebel-Str. 82, Tel. 48576468, www.lodkasorben.com.

Tgl. eine EC-Verbindung Hamburg–Berlin–Cottbus–Krakau. RE und RB-Verbindungen von Cottbus nach Berlin, Dresden (über Senftenberg/Ruhland), Leipzig (über Falkenberg), Frankfurt/O. (über Guben), Forst und Zittau (über Görlitz).

Stdl. Verbindung in den Spreewald nach Burg, Bus-Linie Nr. 47. Ab Burg weitere Anschlüsse (Vetschau, Lübben, Byhle-guhre).

Altstadthotel am Theater (€€), Bahnhofstr. 57, Tel. 3554850, www.altstadthotel-amtheater.de. Mit Restaurant, Nähe Staatstheater, 10 Min. Fußweg zum Altmarkt, günstig für Radler: 1 km vom Spreeradweg entfernt.
Sorat Hotel (€€–€€€), Schlosskirchplatz 2, Tel. 78440, www.sorat-hotels.com. Ruhig, in der Fußgängerzone in einem Gründerzeitgebäude, viel Reisegruppenbetrieb.
Hotel Ahorn (€€), Bautzener Str. 134–135, Tel. 478000, www.ahorn-hotel-cottbus.com. Ruhig gelegen, 15 Fußminuten südlich des Stadtzentrums, idyllischer Garten, regionale Küche.
Congress Hotel Lindner (€€), Berliner Platz/K.-Marx-Str. 68, Tel. 3660, www.lindner.de. Hochhaus im Stadtzentrum, herrliche Aussicht ab 6. Etage.
Haus Brunschwig (€), Lieberoser Str. 12, Tel. 23509, www.hausbrunschwig.de; Pension und Wellnessbehandlungen in einer Villa am Stadtzentrum.
Böhmischer Rasthof & Pension (€ €), Hänchener Hauptstr. 28, 03099 Hänchen, Tel. 522122, www.boehmischer-rasthof.de. 3 km westlich von Cottbus, böhmische Küche und Fassbiere, Spezialität: Bohemia-Schmaus mit mehreren Fleischsorten, einmal im Monat Sa böhmische Blaskapelle; tgl. ab 11 Uhr.
Jugendherberge (€), Klosterplatz 2–3, Tel. 22558, www.jh-cottbus.de. Romantische Lage in der Altstadt an der Stadtmauer, ruhig.

Mosquito, Am Altmarkt, Tel. 28890444. Treffpunkt der Cottbuser, Freiluftplätze; tgl. 10–1 Uhr, Fr/Sa bis 3 Uhr.
Brau & Bistro, Altmarkt 18, Tel. 4946023. Auch Freiluftplätze, Spezialität: naturtrübes Zwickelbier, Steaks vom Lavagrill; tgl. ab 9 Uhr, Fr/Sa Küche bis 1 Uhr, So–Do bis 23.30 Uhr.
Restaurant Meldekeller, Altmarkt 10, Tel. 31036. Historisches Kellergewölbe; tgl. ab 11 Uhr.
Stadtwächter, Mauerstr. 1, Tel. 23618. Mittelalterliches Wiekhaus nahe der Lindenpforte im Stadtzentrum, Freiluftplätze; tgl. 18–4 Uhr.
Freizeitoase am Amtsteich, Wachsbleiche 2, Tel. 3817077, Ältester und wohl schönster Cottbuser Biergarten: Alte Bäume, Blick auf den Amtsteich, Buddelkiste für Kinder, Freiluft-Schach, Bowling- und Kegelhalle; Mo–Sa ab 14, So ab 10 Uhr.
Cavalierhaus Branitz, Am Branitzer Schloss, Tel. 715000. Freiluftplätze; Apr.–Okt. tgl. 11.30–21 Uhr, Nov.–März 11.30–19 Uhr und Mo Ruhetag
Restaurant und Café Spreewehrmühle, Am Großen Spreewehr 3, Tel. 4945950, www.spreewehrmuehle.de. Freiluftterrasse und Biergarten um die Ecke. Das benachbarte technische Denkmal Spreewehrmühle ist seit 2008 wieder zugänglich; tgl. 11.30–20 Uhr.
Restaurant Zur Bäckerbörse, Sandower Str. 48, Tel. 24198; Mo–Fr 10–14.30 u. 17.30–24, Sa 10–14 Uhr. Gutbürgerliche Küche, günstige Preise.

Coffeelatte, Altmarkt 13, Tel. 3555443. Kaffeespezialitäten (ausgesuchte Fair-Trade-Qualität, Kaffee des Tages zum Sonderpreis), leckere Kuchen, Torten und Muffins, schöner Ausblick auf den Altmarkt, Selbstbedienung; Mo–Sa 9–18, So 10–18 Uhr.
Da Capo, Altmarkt/Ecke Marktstraße. Schickes italienisches Eiscafé mit Freiluftplätzen auf dem Altmarkt; Mo–Do 10–22, Fr–So 10–24 Uhr.
Café Ölschalter, Am Amtsteich (im Kunstmuseum Dieselkraftwerk). Auch Freiluftplätze mit Blick aufs Wasser; Sa/So 11–18 Uhr.

Kunstmuseum Dieselkraftwerk, im historischen Dieselkraftwerk am Amtsteich, Tel. 49494040; www.museum-dkw.de; Di–So 10–18, Do 10–20 Uhr.
Fürst-Pückler-Museum im Schloss Branitz, Besucherzentrum Gutshof und Marstall, Tel. 75150, www.pueckler-museum.de; tgl. 10–18 Uhr, Nov.–März 11–17 Uhr.
Brandenburgisches Apothekenmuseum, Altmarkt 24; Di–Fr 11 u. 14, Sa/So 14 u. 15 Uhr. Verkauf in der Kräuterapotheke Di–Fr 10–17 Uhr.
Wendisches Museum, Mühlenstr. 12; Mi–Fr 10–17, Sa/So 13–17 Uhr.
Technisches Museum Spreewehrmühle, Am Großen Spreewehr 3; Mühlenführung unter Tel. 0152/01353223 vereinbaren.
Flugplatzmuseum, Fichtestr. 1, Tel. 32004, www.flugplatzmuseumcottbus.de; März–Okt. Di–So 10–16 Uhr, sonst Di–Sa 10–16 Uhr.
Wasserwerkmuseum, Saarbrücker Straße, Tel. 3501106; Führungen jeden letzten Di im Monat nach Anmeldung.
Oberkirche St. Nikolai, Oberkirchplatz 1; tgl. 10–17 Uhr, Gottesdienste So und Feiertage 10 Uhr.
Klosterkirche, Klosterplatz 1; Mo–Fr 10–15, Sa 10–17 Uhr, Gottesdienste So und Feiertage 10 Uhr.
Brandenburgische Technische Universität (BTU), IKMZ-Universitätsbibliothek, Tel. 692373; Mo–Fr 9–22, Sa 9–13, So 17–22 Uhr.

Karnevalsumzug (Feb.), **Stadtfest** (Juni), **Lausitzer Opernsommer im Branitzer Park** (Ende Juli/Anfang Aug.), **Töpfermarkt** (Sept.), **Lausitzer Bauernmarkt** (Ende Sept./Anfang Okt.), **Festival des Osteuropäischen Films** (Nov., Programm: www.filmfestivalcottbus.de).

▸ Karte S. 122

Staatstheater am Schillerplatz, Besucherservice im Erdgeschoss der Galeria Kaufhof Cottbus, Tel. 01803/440344, www.staatstheater-cottbus.de. Spielstätten sind Großes Haus am Schillerplatz, Kammerbühne, Ströbitzer Theaterscheune, Schloss Branitz.

Piccolo (Kinder- und Jugendtheater), Erich-Kästner-Platz, Tel. 23687, www.piccolo-cottbus.de.

Kahnfahrten ab Sandower Brücke zur Spreewehrmühle, Tel. 035603/75800, www.spreehafen-cottbus.de.

Trachtenservice Antje Lehnitzke, Saspower Haupstr. 5, Tel. 821647.

Das Japanische Teehäuschen an der Stadtpromenade

Reisetipps von A bis Z

Angeln
In vielen Gewässern möglich, die gesetzlichen Bestimmungen sind zu beachten.

Anreise
Der Spreewald ist mit dem Auto und der Bahn aus allen Teilen Deutschlands schnell und bequem zu erreichen, Autobahnen (A4, A13 und A15) und zahlreiche Bundesstraßen stehen zur Verfügung. Je nach Abfahrtsort müssen Bahnfahrer meist in Berlin, Calau oder Cottbus umsteigen. Neben den Verbindungen der Deutschen Bahn gibt es auch die RE- und RB-Verbindungen der ODEG (Ostdeutsche Eisenbahn GmbH) in den Spreewald auf den Strecken Wismar–Wittenberge–Berlin–Cottbus und Zittau–Görlitz–Cottbus (www.odeg.info).

Baden
Im Spreewald gibt es nur wenige Seen oder Teiche zum Baden. Man kann aber vielerorts einfach in die Spree springen.

Schlafen im Weinfass in Burg

Ausgewählte Badestellen mit Strand: Byhleguhrer See (zwischen Byhleguhre und Straupitz), Byhleguhrer Badeteich (im Ort Byhleguhre), Flussbadestelle an der Lübbener Schlossinsel, Köthener See bei Groß Wasserburg und Sachsendorfer Badesee im Cottbuser Stadtteil Sachsendorf.
Sommerfreibad: in Vetschau.
Schwimmhallen: Cottbus (›Lagune‹), am Ortsausgang nach Burg/Spreewald und in Lübbenau (›Delphin‹), in der Neustadt. Bei Briesen-Brand, am Rande des Spreewaldes, findet sich das ›Tropical Islands‹, eine riesige Tropenwelt unter Dach mit Europas größter Wellness- und Saunalandschaft.

Campingplätze
Camper finden aktuelle Informationen in den jährlich aktualisierten Info-Broschüren der tmb (Tourismus Marketing Brandenburg). Die Campingplätze im Spreewald werden im Heft ›Camping im Land Brandenburg‹ beschrieben; www.campingland-brandenburg.de.

Informationen
Die Informationstellen für Touristen sind jeweils bei den Adressen im Reiseteil nachgewiesen. Wer nach speziellen Routen zu Lande oder auf dem Wasser sucht, wird im Internetführer ›Spreekapitän‹ fündig: www.spreekapitaen.de.

Informationen über Sorben
Eine umfassende Info-Broschüre ›Angebot zur sorbischen Kultur‹ hat das Haus für sorbische Volkskultur in Bautzen herausgegeben, es enthält auch Anschriften sämtlicher sorbischer Institutionen, Einrichtungen und Volkskunstgruppen. Postplatz 2, 02606 Bautzen, Tel. 03591/42105.

Weitere Auskünfte – Termine, Veranstaltungen etc. – erteilt die **Sorbische Kulturinformation Lodka** im Wendischen Haus Cottbus, August-Bebel-Str. 82, 03046 Cottbus, Tel. 0355/48576468; www.lodka.sorben.com. Hier befindet sich auch eine umfangreiche niedersorbische Bibliothek (Mo–Fr 9–16.30 Uhr).

Klima

Die Lausitz – und damit auch der Spreewald – wird beinahe täglich im Wetterbericht genannt: Entweder ist es hier am kältesten oder am wärmsten. Die fortwährenden Extreme haben die Wetterfirma meteomedia schon vor Jahren bewogen, hier das dichteste Netz von Wetterstationen in Deutschland aufzubauen.
Webcams der Spreewaldzentren im Internet: www.spreewaldwetter.de

Medien

Die Niederlausitz mit dem Spreewald ist das Verbreitungsgebiet der ›Lausitzer Rundschau‹. Spezielle Informationen zu Kulturveranstaltungen sowie Land und Leuten allgemein vermitteln auch die Gratisblätter ›Märkischer Bote‹ (immer samstags, aber vom Spreewald nur die Region Burg/Vetschau) sowie ›Lausitz am Sonntag‹.
Mehrere Sender besitzen in der Lausitz ein Regionalstudio, so der RBB und BB-Radio in Cottbus.

Mücken

Die unbeliebtesten Spreewaldbewohner sind die Stechmücken. Sie finden in Überschwemmungsgebieten, Sümpfen, Fließen und Gräben ideale Lebensbedingungen. Von den etwa 40 Mückenarten Europas finden sich 20 im Spreewald. Je wärmer ein Sommer, desto größer die Wahrscheinlichkeit einer Mückenplage. Einst wurden vom Kahn aus Insektizide versprüht, inzwischen hat man davon aber wieder Abstand genommen, um die Umwelt zu schonen.
Empfehlenswert ist das Tragen einer Kopfbedeckung, das Auftragen eines Mückenmittels, das Einreiben mit Kornbrand oder der regelmäßige Verzehr von rohem Knoblauch.

Museen

Für Museumsfreunde hält auch der kleine Spreewald einige Überraschungen bereit. Die sorbische Kultur wird im Wendischen Museum Cottbus, dem Freilandmuseum Lehde/Spreewald sowie einigen kleineren Heimatstuben (u.a. in Dissen) vorgestellt. In Deutschland einzigartig ist die Slawenburg Raddusch. Modern zeigt sich das neu gestaltete Spreewaldmuseum in Lübbenau.

Öffentliche Verkehrsmittel

Das Schienennetz wurde bereits zu DDR-Zeiten ausgedünnt, so wurde Anfang 1970 die schmalspurige Spreewaldbahn aufgegeben. Die meisten Orte des Spreewaldes sind daher mit Linienbussen zu erreichen.
Bis 2011 wurde die Bahnstrecke Berlin–Cottbus – mit Halt in Lübben, Lübbenau, Raddusch und Vetschau – modernisiert, so dass Züge hier mit bis zu 160 km/h unterwegs sind.

Reiseveranstalter

Der Spreewald wird meist von Individualtouristen besucht. Es gibt aber auch einige Reiseveranstalter:
pro gastra – Gastgewerbe GmbH, Sielower Chaussee 9, 03055 Cottbus, Tel. 0355/8790100, www.radreisepartner-spreewald-lausitz.de. Komplette Tourenorganisation für viele beliebte Radrouten.
Reiseveranstalter & Bootsverleih Richter, Dammstraße 76a, 03222 Lübbenau, Tel. 03542/3764, www.bootsverleih-

richter.de. März–Okt. tgl. ab 9 Uhr. Im Programm u.a.: ›Märkische Umfahrt‹, Rundkurs von ca. 200 km, der durch die Flüsse Dahme und Spree führt (Zeitdauer: 14 Tage); ›Spreewald-Berlin‹ über Fürstenwalde ca. 150 km, über die Dahme ca. 100 km (Zeitdauer: 7 bzw. 5 Tage).

Albatros Outdoor – Natur- und Aktivreisen, Bertholdplatz 6, 15848 Beeskow, Tel. 03366/153375; www.albatros-outdoor.de. Kanutouren auf der Spree und Spreeradwegtouren.

Die Mecklenburger Radtour, Zunftstr. 4, 18437 Stralsund, Tel. 03831/280220, www.mecklenburger-radtour.de. Spreeradweg und Touren in der Niederlausitz.

Reisezeit

Der Spreewald ist ein Ganzjahresreiseziel, und das folgende schwärmerische Urteil, obwohl schon älter, nach wie vor gültig: »Im Vorfrühling bereits, wenn die Baumkronen noch licht sind und das erste Erwachen des jungen Lebens sich zeigt, wenn Tausende von Anemonen und Sumpfdotterblumen in den Büschen blühen, ist eine Spreewaldfahrt zu Kahn oder – wegen der Kühle – zu Fuß oder mit dem Rad äußerst lohnend. Den Höhepunkt des Jahres bringen die Monate Mai und Juni, wenn die weiten Wiesenflächen in verschwenderischer Blütenpracht leuchten. ... Im Hochsommer wird der Wasserstand der Fließe manchmal so niedrig, dass die Kähne nur mit Mühe weiterkommen und manche Fahrt abkürzen müssen, auch können die Mücken an schwülen Tagen lästig werden. Im Spätsommer mit seiner meist klaren, mückenfreien Luft, wenn der nahende Herbst bereits bunte Töne in den Farbenteppich webt, lassen sich wieder äußerst genussreiche Spreewaldfahrten machen. Im Herbst beginnt dann der Zug der Enten, Wildgänse (und Kraniche, d. A.), die Nebel werden häufiger. ... Tritt im Winter blanker Frost ein, so beginnt die Herrschaft des Schlittschuhs oder des Stoßschlittens, und der zu Eis erstarrte Spreewald lockt von neuem unzählige Gäste in sein glitzerndes Reich.« (aus ›Der Spreewald‹, Grieben, 1930).

Am Naturhafen in Neu Zauche

Geführte Touren mit dem Spreewald-Ranger

Im Biosphärenreservat Spreewald unterhält die Naturwacht drei Stützpunkte, diese sind aber ohne feste Bürozeiten; daher Kontakt vorab per E-Mail oder Telefon aufnehmen.

Naturwacht Spreewald, Schulstr. 9, Lübbenau, Tel. 03542/8921, spreewald@naturwacht.de.

Naturwacht, Byhleguhrer Str. 17, Burg, Tel. 035603/750146, br-sw.burg@naturwacht.de.

Naturwacht, Dorfstr. 52, Schlepzig, Tel. 035472/5230, br-sw.schlepzig@naturwacht.de.

Unterkünfte

Im Spreewald sind alle Kategorien vertreten, von edel-luxuriös über geschmackvoll-komfortabel bis einfach und zweckmäßig, und in der Gemeinde Burg befindet sich das beste Wellnesshotel Deutschlands. Auch Campingfreunde finden mehrere Plätze. Für Wasserwanderer und Radler mit eigenem Zelt gibt es zudem auch Rastplätze zum Übernachten am Wasser. Kinder- und Jugendgruppen können in Jugendherbergen und Schullandheimen Nachtlager nehmen. Das Preisniveau reicht von 40 Euro in einer Ferienwohnung oder Pension bis etwa 500 Euro fürs Doppelzimmer pro Nacht.

Wandern und Radfahren

Die gesamte Region wird von einem Wanderwegenetz durchzogen und ist für Wanderer und Radwanderer hervorragend geeignet. Der Fernwanderweg E10 – Ostsee-Böhmerwald-Alpen-Mittelmeer – führt durch den Spreewald. Einen guten Überblick über die markierten Wanderwege/Radrouten vermittelt die Karte ›Niederlausitz‹ der Seeger Kartograhie Dresden (www.radwandern-oberlausitz.de). Die Tourismusämter verschicken Broschüren, u.a. ›Radwandern in der Lausitz‹.

Wassersport/Wasserwandern

Die feingliedrig verzweigten Wasserläufe im Spreewald ermöglichen sowohl vielfältige Tages- und Halbtagestouren wie auch mehrtägige Touren.

Wintersport

Der Spreewald ist ein Paradies für Schlittschuhläufer. Vorausetzung ist etwa eine Woche strenger Frost. Dann ist das Labyrinth der vereisten Fließe ein ähnlich attraktives Revier für Kufenflitzer wie die viel bekannteren Kanäle in Holland.

Literatur

Der Domowina Verlag gewährt vor allem den Sorben eine literarische Heimat, das Verlagsprogramm ist reich gefächert: u.a. Belletristik, Kinderbücher, Bildbände, Kulturgeschichte, Lausitz-Kalender. Tuchmacherstr. 27, 02625 Bautzen, Tel. 03591/5570, www.domowinaverlag.de. Der Heimat-Verlag Lübben publiziert Wanderführer und Karten, Spreewald- und Regionalliteratur über die Niederlausitz. Friedensstr. 10, 15907 Lübben, Tel. 03546/2483, www.heimat-verlag-luebben.de.

Einige Empfehlungen

Peter Becker/Peter Franke, Das Spreewald Kochbuch – Zwischen Gurken, Tracht und Tradition; Edition Limosa 2009, 19,90 Euro. Gesunde und deftige Spreewaldküche, beinhaltet neben Rezepten auch interessante Geschichten. Dafür haben die Autoren vielerorts in die Kochtöpfe geschaut, zugehört und aufgeschrieben.

Peter Becker, Spreewald – Eine Reise durch das Jahr in Bildern und Geschichten, Edition Limosa 2012, 29,90 Euro. 750 Motive: Zur Vorfreude, zum Erinnern oder zum Träumen.

Theodor Fontane, Wanderungen durch die Mark Brandenburg, 4. Band Spreeland. Diverse Neuauflagen in verschiedenen Verlagen, Erstauflage 1884. Zeitgenössischer Blick insbesondere auf Lübbenau und Umgebung. Noch immer bedienen sich Autoren, Touristiker und Werbefachleute der blumig-romantischen Zitate.

Gerald Große/Horst Adam, Ja som serbski/Wendisch bin ich. Impressionen aus der Niederlausitz, Domowina Verlag Bautzen 1998, 9,90 Euro. Erinnerungen von Zeitzeugen, Gedanken zur Geschichte.

Michael Hennemann, Kanu Kompakt Spreewald - mit topografischen Wasserwanderkarten, Thomas Kettler Verlag 2012, 9,95 Euro. Ideal für alle, die auf dem Wasser unterwegs sind. Mit detaillierten Tourenbescheibungen.

Jurij Koch, Jubel und Schmerz der Mandelkrähe. Ein Report aus der sorbischen Lausitz, Domowina Verlag Bautzen, 6,90 Euro. Jurij Koch gelingt es, witzige und traurige Geschichten über seine sorbische Heimat zu erzählen. Dem Leser wird mit dem Gleichnis der Mandelkrähe das Schicksal des slawischen Volkes in der Lausitz vor Augen geführt. Ein leicht zu verstehendes, aber nicht leicht zu verdauendes Buch.

Wolfgang Korall/Georg Schwikart, Reise durch den Spreewald, Stürtz Verlag 2012, 16,95 Euro. Die etwa 200 Fotografien vermitteln einen umfassenden Einblick. Gut für die Einstimmung auf eine Spreewaldreise.

Erich Krawc, Sagen der Lausitz, Domowina Verlag Bautzen, 8,90 Euro. So manches geschichtliche Ereignis findet sich in den Sagen der Lausitz wieder. Die einfache Sprache und Denkweise des Volkes wurde von Generation zu Generation weitergegeben. Und noch immer erfreut es, wenn der reiche Geizhals die gerechte Strafe, der arme Tagelöhner Hilfe in der Not erhält.

Heinz Ohff, Der grüne Fürst, Piper Verlag 2007, 10,99 Euro. Das Leben eines vielbegabten Abenteurers, Romantikers und Draufgängers. Fürst Pückler war ein begnadeter Landschaftsgestalter, gefragter Reiseschriftsteller, und er liebte mehr Frauen als Casanova.

Heinz Petzold, Frohe Feste. Betrachtungen zu festlichen Tagen in der Lausitz, Regia Verlag Cottbus.

Axel Pinkow, Der Spreewald - Historische Ansichten in Wort und Bild, Verlag Axel Pinkow 2002. Über 200 Postkarten aus einer Zeit (1900–1940), als der Spreewald noch als ›Natursanatorium verbrauchter Nerven‹ galt.

Landolf Scherzer, Spreewaldfahrten, Greifenverlag zu Rudolstadt 1975. Erlebnisse und Eindrücke eines zeitkritischen DDR-Autors über den Spreewald, oft mit Augenzwinkern, eindrucksvolle Fotos von Erich Schutt. Über Fernleihe noch aus der einen oder anderen Bibliothek in den neuen Bundesländer zu beziehen.

Erich Rinka, Mein Spreewald-Buch, Sachsenverlag Dresden 1954. Beeindruckende Schwarz-Weiß-Fotografien aus der Nachkriegszeit mit einfühlsamen Texten. Über Fernleihe in den neuen Bundesländern noch zu beziehen.

Der Spreewald im Internet

Weitere Internetadressen sind im Reiseteil und unter dem Stichwort Informationen zu finden.

www.lausitz.de Informationen zu Wirtschaft, Tourismus, Regionales und Service vom Förderverein Lausitz e.V.

www.niederlausitz.de Wissenswertes zu den Tagebauseen und für den Aktivurlaub, News und Veranstaltungskalender, Tourismuswerbeprospekte zum Herunterladen.

www.lausitzer-museenland.de Alles über die Museumslandschaft im Landkreis Spree-Neiße.

www.reiseland-brandenburg.de Internetseite mit benutzerfreundlichem Informationssystem auch für den Spreewald – u.a. Ausflüge, Übernachtungen, Veranstaltungen, Essen und Trinken – sowie der Möglichkeit, Prospekte zu bestellen.

www.spreewald-info.de
Unterkünfte, Essen & Trinken, Einkaufen (Spreewald-Marktplatz mit regionalen Produkten und Büchern), Gutscheinverkauf, Heiraten & Feiern, Pauschalangebote, Tourenplaner, Spreewald-Videos, Wellnessangebote.

www.spreewald.de Offizielle Seite des Tourismusverbandes mit vielen Adressen und Hinweisen. Gastgeberverzeichnis, Kultur-, Freizeit- und Wellnessangebote.

www.unterspreewald.de
Offizielle Seite des Amtes Unterspreewald mit Link zu touristischen Angeboten.

Die Autoren

Die Cottbuser Reisejournalisten Kerstin und André Micklitza haben mehrere Reiseführer über ihre Heimat – die Lausitz – und die Nachbarländer Polen, Tschechien und die Slowakei verfasst. Fotoausstellungen in Brandenburg und Sachsen über Polen, Tschechien und das Riesengebirge fanden großen Anklang.
Im Trescher Verlag erschienen von ihnen bereits die Titel ›Tschechien‹ (4. Auflage 2014), ›Die polnische Ostseeküste‹ (7. Auflage 2014) und ›Lausitz‹ (4. Auflage 2013).
Derzeit arbeiten sie an einem neuen Trescher-Reiseführer über das Böhmische Bäderdreieck und Pilsen, die europäische Kulturhauptstadt 2015. Das Buch erscheint im Frühjahr 2015.
Mittlerweile beschritten die Autoren Neuland und schrieben einen ungewöhnlichen Lebensratgeber: ›Die Vermessung des Glücks in Deutschland‹. (2. Auflage 2012). Darin erzählen sie auch vom beglückenden Gefühl, oft unterwegs sein zu können und wie man individuelle Reisepläne am besten in die Tat umsetzt. Mit ungewöhnlichen Anregungen auch für den Alltag.
Micklitza-Reisefotos werden über die Bildagentur Huber (www.huber-images.de) bundesweit vermarktet.

Danksagung

Danke an Frau Regina Zibell und Birgit Kunkel von der TMB Tourismus Marketing Brandenburg GmbH für die gewährte Unterstützung. Danke an Birgit und Frank Knabe vom ›Spree Chalet‹ in Lübbenau, Hannelore Motzek vom ›Kräutermühlenhof‹ in Burg/Spreewald, T. Seidel vom Hotel ›Radduscher Hafen‹, Familie Stephan vom Hotel ›Stephanshof‹ in Lübben sowie Familie Lausch vom Landhotel ›Krausnick‹ für die freundliche Unterstützung.
Danke auch an Andrea Grahn von der Medien- und Kommunikationsagentur ›cucumber media‹ in Lübbenau für ihre Hinweise und Tipps bei der Aktualisierung der 1. Auflage. Ein Dankeschön an Horst Adam als ehemaligen Redakteur des ›Nowy casnik‹, der uns mit Feinheiten des Sorbischen vertraut machte.

Register

I/J

K

L

M

Bildnachweis

Alle Fotos Kerstin und André Micklitza, außer: Zur Bleiche Resort & Spa (S. 104, 105)
Titel: Kahnfahrt bei Lehde
Vordere Umschlagklappe: Burg, Trachtenfest
S. 12/13: Lübbenau, Großer Hafen
S. 34/35: Lübben, vor der Schlossinsel
S. 54/55: Lübbenau, Schloss
Hintere Umschlagklappe: Straupitz, Mühle

Trescher Verlag

BRANDENBURG

Brandenburg weist eine Fülle reizvoller Landschaftenauf: weite Ebenen und sanfte Hügel, naturbelassene Flusslandschaften von Havel, Oder, Spree und Elbe, dazu der einzigartige Spreewald. Gleichzeitig finden sich im Land zahlreiche mittelalterliche Klöster, stolze Herrenhäuser und malerische Kleinstädte. Dieser Reiseführer präsentiert Brandenburg in seiner ganzen Vielfalt und stellt alle Regionen und Sehenswürdigkeiten vor. Umfangreiche reisepraktische Hinweise, für Aktiv- und Kultururlauber geeignet.

396 Seiten, komplett in Farbe,
ISBN 978-3-89794-286-8
14.95 Euro

DIE HAVEL

Zwischen ihrem Quellgebiet im südlichen Mecklenburg und ihrer Mündung in die Elbe bei Havelberg fließt die Havel weitgehend unreguliert durch reizvolle Landschaften. An ihren Ufern liegen ausgedehnte Naturschutzgebiete und Orte, die zahlreiche Zeugnisse der spannenden Geschichte dieses Landstrichs aufweisen, darunter Brandenburg/Havel, Potsdam und Berlin. Dieser Reiseführer richtet sich an Wanderer und Radwanderer sowie Kulturreisende und stellt die Landschaften und alle Sehenswürdigkeiten ausführlich vor. Umfassende Hintergrundinformationen, ausführliche reisepraktische Hinweise.

300 Seiten, komplett in Farbe
ISBN 978-3-89794-276-9
14.95 Euro

Reiseführer/Städteführer

POTSDAM
240 Seiten
Euro 12.95 (D)/13.40 (A)
ISBN 978-3-89794-272-1

OSTSEEKÜSTE
MECKLENBURG- VORPOMMERN
300 Seiten
Euro 14.95 (D)/15.40 (A)
ISBN 978-3-89794-273-8

ALLGÄU
312 Seiten
Euro 14.95 (D)/15.40 (A)
ISBN 978-3-89794-217-2

BAYERISCHER WALD
264 Seiten
Euro 14.95 (D)/15.40 (A)
ISBN 978-3-89794-248-6

LAUSITZ
324 Seiten
16.95 (D)/17.50 (A)
ISBN 978-3-89794-238-7

SACHSEN
444 Seiten
Euro 14.95 (D)/15.40 (A)
ISBN 978-3-89794-230-1

DRESDEN
288 Seiten
Euro 12.95 (D)/13.40 (A)
ISBN 978-3-89794-214-1

BRESLAU
350 Seiten
Euro 14.95 (D)/15.40 (A)
ISBN 978-3-89794-256-1

Trescher Verlag
Der Spezialist für den Osten

Kartenlegende

- Bahnhof
- Brunnen
- Burg/Schloss
- Busbahnhof
- Campingplatz
- Denkmal
- Dorfkirche
- Hafen
- Hotel
- Kirche
- Kloster
- Post
- Radweg
- Restaurant
- Ruine/Ausgrabungsstätte
- Sehenswürdigkeit
- Theater
- Touristeninformation
- Turm

- Autobahn
- Autobahn im Bau
- sonstige Straßen
- 243 Straßennummern
- Eisenbahn
- Grenzübergang
- Staatsgrenze
- Hauptstadt
- Stadt/Ortschaft

Kartenregister